U0060381

活出最耀眼的自己

Jade Wong 著

前言

如果你正處於很努力在黑暗深淵試圖爬起來，卻一直爬不起來的人，請不要灰心。爬不起來並非你軟弱無能、不夠努力，而是不知道可以使用內在深藏的力量來協助你。

我會想要出版這一本書，最主要的原因是通過我的人生故事能夠給予每一個正在經歷人生低潮、放棄自己、處於低谷、痛到無法翻身的人，一份支持、力量、希望和相信。一個人只要有心幫助自己，一定可以運用潛在的力量，活出最耀眼的自己。

過去的我是一個抱著受害者心態同時也是傷害自己最深的人，源於不懂得關懷、愛自己，所以不斷渴求外界施以愛。並且錯誤地以為付出了自己的所有，就有對等的愛回來，卻不知道把自己傷得越來越深，心靈千瘡百孔，終日被痛苦折磨。幸好在經歷種種跌跌撞撞，越過高峰峻嶺；相遇心靈療癒之後，終於都學會愛自己了，也結束一段長達十年的困惑，尋找到人生目標。所以如今才能抱著熱情做著自己愛的事情，協助人們療癒身心並活出幸福的自己，為此而感到無比的幸福快樂。

如果你也想從痛苦折磨、黑暗的泥沼之中，挽救自己，重新掌握自己的人生，那麼這一本書會幫助到你，為你指引方向。從了解自我探索的重要性開始，到深入認識心靈世界，探討思維、情緒的形成，藉以了解為何我們會被以下的問題阻礙

而無法得到快樂，也無法活出真正的自己。

為什麼我們總是難以獲得到快樂？

為什麼總是重覆經歷痛苦的事情？

為什麼無法愛自己？反而是討厭自己？

為什麼無法活出自己？如何做到活出內在的光芒？

為什麼找不到自己想要做的事情？

本書主要架構分成六個單元，不僅透過不同的故事、軼事或是例子來分享，並提供不同的方法、步驟從中指引。在發現更多的資源後，便能憑著自己的力量從低潮中爬起來，更勝從前。

在第一單元和第二單元是喚醒沉睡於潛意識深海的你，走進一條通往心靈世界的通道。我們之所以面臨到外界各種困難、苦難、不如意，全都歸咎於不夠了解自己，潛意識裡被植入太多限制而形成了系統化。因此才會無意識地被固定模式牽著鼻子走，把自己困在心靈監獄裡頭，任由其禁錮，才讓生命失去掌控權。當意識和覺察能力提高，就會看見內在的固定模式是如何嚴重影響人生運作，所以在這兩單元中，讓你了解過去的不知道，有了認知就可以在失守的領土取回自己的主導權。

對自己有了跟過去不一樣的認識和了解之後，接著在第三單元就是開始照顧自己。在過去的日子裡好像沒有人告訴過

我們，到底要如何照顧和愛自己呢？對於以上的概念都是很模糊的，通過本單元的方法提供步驟和方向，告訴你怎麼悉心照顧自己，達致內外幸福、平靜的狀態。另外也提及獨處文化是如何製造出屬於自己的快樂。當一個人能掌握自己的幸福和快樂，才會不假手於其他人，同時學會愛自己。哪怕今天獨自一人仍然能夠活得快樂自在，綻放內在的光彩。

在第四單元提到活不出真實的自己，是因為我們並沒有接納真正的自己，所以造成內在世界嚴重失衡、支離破碎。唯有探索心靈世界，帶著意識覺知，進入內在的黑洞，認識陰影的面向，以及自身的恐懼，才可以做到真正的接納。因此本單元會帶出自身的故事，細說如何在黑暗裡接納不完整的自己。

在療癒自己之後，才發現原來世界真的可以變得不一樣的。第五單元將會看到過去不一樣的我，帶出連串「我是如何被擊倒」的故事，曾經最血淋淋的痛引爆出長年累積的負面情緒，導致身心疲憊不堪。以及面對過去種種傷口、內疚，無法原諒的心情，應該怎麼處理呢？後來又是如何透過深層的療癒，從許多枷鎖之中釋放呢？沒有任何方法能夠真正填補內心的空洞、傷痛，唯獨勇敢地探索，深入認識自己，並且修復和重建自己，開拓內在力量，才能成為自己的核心。

幸福並不是一件困難的事，例如簡單地活在當下，感受當下微妙的變化，已經是一件幸福的事。通過療癒和修復自己的階段，就有足夠的內在力量活出一個你愛的自己了。在第六單元主要與你一齊繪畫出心中極度渴望成為的那個人，卻不敢成

爲的人。使他／她能從心靈枷鎖裡鬆脫出來，爲人生帶來更多的色彩與光澤。也會介紹一些技巧和方法，能夠讓你在迷途中找到改變的思路，活出你愛的幸福模樣。

每個人的潛意識裡都擁有無限的力量，我們本該擁有足夠的資源豐盛人生，只是過去不懂得如何發揮這股力量。原因是它總是用一種另類方式出現，而未必所有人能參透當中的含義，透過本書各文章的分享，會了解到內在的力量一直存在，只需要往內連結和探索，便會發現驚人的潛力。擁有這股力量，就等於擁有創造的能力，讓創造力顯化出健康快樂的生活，更重要的是成爲自己最耀眼的星星。

除此之外在不同故事中，你都會感受到一股Jade的精神與及屬於我的人生哲理SPECIAL。當中每個英文字母包括了不同的生命主題，而在本書的內容中會看見善用生命的故事把它們實踐出來。

Surrender臣服／克服

· 臣服於生命中的大小事物，特別是讓你難過痛苦恐懼的事，進入世俗世界與它共存，當你眞正的克服當下，便能擁有屬於你的快樂！

· 幸福美滿永遠是狡猾地隱藏，痛苦與恐懼的背後！

Passion熱情

· 察覺身邊的人事物，發現自己的熱情與及對生活的熱情

所在！

· 擁抱生命中的美好，並且感恩所擁有的！

· 熱情是內心的熱能量之源！

Explore yourself探索自我與世界

· 每個階段的自己都是成長的養分，保持覺察自我！

· 瞭解與認識每一個時段的自己，繼而突破每個階段的自己！

· 保持對世界的好奇，勇於探索世界上的光明與黑暗之地！

Courage勇氣

· 拿出勇氣去當一個你愛的自己！

· 拿出勇氣去追尋你的夢想！

· 拿出勇氣去接受生命中的挑戰！

· 拿出勇氣接受真實的自己！

· 拿出勇氣去相信自己！

Influence & Independent影響力和獨立

· 發揮影響力，協助人們獲得心靈健康、幸福快樂！

· 獨立思考，勿讓世俗淹沒，敢於活出自己的特色！

Accept who you really are接受真實的你

· 接受自己不足的地方，並接受自己不是完美的人！

· 誠實面對自己陰暗的面向！

· 接受自己優勢之處，加以發揮！

Learning學習

· 保持學習知識之心！

· 學習讓自己變得充實！

· 學習珍惜與活在當下！

幸福不是只限於外界的供應，你是擁有這樣的能力為自己創造快樂和幸福。

人生最大的幸福是做自己。

目錄

前言　　　　　　　　　　　　　　　　　　　　　　　4

單元1.看見你不是你

第1章　喚起與看見自己　　　　　　　　　　　14
第2章　爲什麼快樂是很高價　　　　　　　　　18
第3章　活出自己不是用說的而是做的　　　　23
第4章　從角色中醒過來　　　　　　　　　　　29
第5章　還沒當夠小孩就被迫成爲大人　　　　33
第6章　跳出限制的枷鎖　　　　　　　　　　　39

單元2.深層思維與你的關係

第7章　初次學單車的失敗印記　　　　　　　46
第8章　被自我創造的命運困住了　　　　　　52
第9章　時間會沖走一切是錯的　　　　　　　59
第10章　難以置信的跨欄故事　　　　　　　　64
第11章　別再被受害者搞垮人生　　　　　　　71
第12章　裝滿內在那杯水　　　　　　　　　　78

單元3.如何照顧自己

第13章　停下來也是一種照顧　　　　　　　　86
第14章　重新點燃心中的火苗　　　　　　　　91
第15章　成爲最可靠的陪伴者　　　　　　　　97
第16章　6種獨處文化的好處　　　　　　　　102
第17章　情緒總是不聽話　　　　　　　　　　109
第18章　從沒有底線中重建自己　　　　　　　113
第19章　願意成爲人生的負責人　　　　　　　120
第20章　3個方法豐富心靈　　　　　　　　　125

單元4.接納內在的不完整

第21章　學會照顧自己的感受　　　　　　　　134
第22章　與內在小孩的分裂關係　　　　　　　140
第23章　第一次與內在小孩會面　　　　　　　144
第24章　害怕說出眞實的聲音　　　　　　　　150
第25章　躲藏起來的陰影面　　　　　　　　　157
第26章　在黑暗裡看見不完美的自己　　　　　161
第27章　猶豫不決，宇宙會幫你決定　　　　　166

單元5.療癒心靈

第28章　吃藥的故事　　　　　　　　　　　　174
第29章　一場兩小時的情緒大戰　　　　　　　180
第30章　我不知道怎樣跟自己相處　　　　　　186
第31章　從沒愛過自己也是一種痛苦　　　　　192
第32章　一段面對自我的旅程　　　　　　　　200
第33章　遇見恩師——NLP課程　　　　　　　206
第34章　感到愧疚的傷疤　　　　　　　　　　211

第35章　無法原諒自己也是一種痛　　　　217
第36章　眞正原諒是發自內心　　　　　　222
第37章　一封與自己和解的信　　　　　　230

單元6.成爲那個你愛的人

第38章　兌現你的承諾　　　　　　　　　236
第39章　如何辨認你要什麼？　　　　　　242
第40章　爲何缺乏做自己的動力　　　　　250
第41章　計劃理想的模樣　　　　　　　　259
第42章　給自己一張理想清單　　　　　　266
第43章　5個方法，蛻變成自信的天鵝　　274
第44章　畫出心中你愛的自己　　　　　　283
第45章　人生如何選擇才是正確的？　　　290
第46章　成爲幸福的自己從小步開始　　　298

感謝文　感激生命裡的一切　　　　　　　306

單元 1.
看見你不是你

第1章
喚起與看見自己

在書籍《最大的祕密》（The Greatest Secret）中，作者朗達‧拜恩（Rhonda Byrne）說：「你也許認為你知道自己是誰，但如果你認為你是一個有名字、目前是某個年紀、來自特定種族、擁有一份職業、一段家族歷史及許多生命經驗的人，那麼，在揭露你真正是誰之後，你會大吃一驚。」

如何活出真的快樂？

你有否思考過一個問題，眼前你所看到的自己，真的是你嗎？

我們很多時候都誤以為現在的我們就是真正的自己，事實並非如此，從小到大，我們都接受了太多來自於外界的想法、信念、情緒、期待，根本就沒有好好地為自己活過。也許你不會認同，畢竟這件事情是需要一點時間靜思才可讓人消化的。

回想一下，你現在所做的事情是為了別人還是為了自己？

在你誠實回答這條問題的過程，已經做到兩件事情了，第一件事情就是喚醒對自己關懷的心，第二件事情便是你開始看見了，看見自己的喜歡、不喜歡、看見自己被局限而無法做到真正想做的事。

我相信選擇閱讀本書的人，肯定心裡有一股想要活出自己的渴望，有意願幫助自己從無限痛苦輪迴中解脫，更加想要知道為何活不出真正的自己，到底有什麼東西阻礙呢？過去的我，雖然每天都在生活卻不知道什麼才是真正的快樂？也不知道什麼是活出自己，因為對於做自己的概念很含糊。每當遇見一些光芒四散、勇於表達想法、展現自己的人，只會用羨慕的眼光看著，心裡不敢痴心妄想，有一天會成為這樣的人。

　　我們暫時無法活出自己的原因是內在沒有足夠的力量、缺乏足夠的內在資源、被有害的思維模式掌控，被過去種種執念綑綁，而當中破壞力極強，導致心靈世界嚴重崩塌。想要為人生增添幸福快樂、活出真實自己、當回生命主人嗎？

　　如果你想享受到那種非筆墨能形容的幸福快樂感，那麼從今天開始，只需要做到一件事情就可以了，就是請你準備好一顆願意幫助自己的心；不要小看這顆心的力量，它能夠成為內在最有動力的能源，生生不息地供應能量，助你勇敢超越自己、面對與及接納自己，這麼一來，就能活成一個你愛的自己。

潛意識的深不可測

　　「真的有那麼簡單嗎？」是否心中正跑出這樣的想法呢？人們很容易會根據眼睛所看到的事情而選擇相信它，卻不容易相信一些看不見而存在的東西，例如潛意識的力量是超乎想像

的。根據心理學家佛洛伊德所發現的冰山理論，人格意識結構是劃分了三個層面，分別是意識（Conscious Mind）、前意識（Preconscious）、潛意識（Unconscious Mind），而佛洛伊德認為，潛意識是深不可測的深層區域，也是占據整體人格最大的部分。

然而許多專家認為，大部分的人用不到潛意識裡的10%，冰山的底下還有90%的潛力還沒有被有效地使用，也就是說，我們其實對於自己的了解也並非全面性的認識，只是冰山一角的表層認知，而冰山底層的部分是有待探索、發現，並且加以使用的。

無論你是正在懷疑，還是決定想要活出最耀眼的自己，接下來我會在不同的文章裡分享到如何從尋找夢想到找到自己的熱情，從極度傷害、不愛惜自己，變成一個愛自己的人，從終日活在負面情緒到活出正向人生，從臉上總是掛著像苦瓜般的臉到成為一個笑容燦爛的人。這一切都是從一顆願意幫助自己的心開始，然而這顆心是每個人都擁有的。

在本書往後的文章裡都會有一段心靈探索空間，目的是讓你閱讀完該文章後，能夠給予一個空間自己，靜一靜，沉思。到底文章給予你的啟發是什麼？除此之外，也可透過與問題之間的互動，掀開心窗，觸動心靈。

心靈探索空間

1. 如果你想要讓自己得到快樂的祕訣，成爲生命的創造者，必需發展內在無限的潛力，它是一把讓你心想事成、幸福快樂的金鑰匙。

2. 內在隱藏的力量能助你成爲最耀眼的自己，散發出獨一無二的光。

第2章
為什麼快樂是很高價

經常聽不少來信者、個案與我聊天時，不斷細說著自己的生活過得多麼不愉快，心中感受沒有人了解，受盡痛苦折磨，內心充斥著對生活各式各樣的不滿意，怨聲載道；好像無論怎麼做都難以討取快樂，生活變得乏味，常陷入情緒低落中。

很明顯的，在這種情況下，「快樂」對於他們來說是很高價，的確是難以獲得的。

從前的我也是深深感受到快樂是一件很難得到的事情，總是留不住；對於這樣的情況，其實頗沮喪的，彷彿怎麼做，哪怕用金錢買快樂也不能維持太久。

無法填補的匱乏感

為什麼快樂對於人們來說是很高價呢？甚至渴求也未必能輕易得到？

哪怕今天藉由購物、物質上的享受，還是難以得到持久的快樂？快樂顯得好短暫。

曾經我在一次線上分享會，探討內在匱乏是從何而來。當中提說到有關於人們藉由物質上的滿足不斷填補內在的空虛感，可是往往會發現越是填補，越能明顯地感受到匱乏感的重

量。當匱乏感的重量擴展到無法忽視的地步，只好又再拼命往外界填補或是找人陪伴來餵養心中的空洞。分享到這一段的時候，有一位聽眾就分享自己也有同樣的情況，由於試圖掩蓋匱乏、空虛不成功，內在顯得更加壓抑、更加感受不到快樂的存在，所以就詢問我可以怎麼辦？

其實這深層的匱乏感，幾乎我們每個人都有，只是平常我們不太留意到自己內在狀況所以就沒有發現；當你靜心下來，觀察內在反應的時候，便能察覺到它的存在。那麼為何會出現匱乏？又可以怎麼解決呢？在本書的第二單元會提及到，原因在於內在那杯水。

想詢問一下正在看文章的你：「不知道上一次讓你發自內心感受到快樂，是在什麼時候呢？」先不要急著給答案，回答之前，細心聆聽與感受心的反應是如何？

在深思的時候，要留意這種快樂是發自內心的，並不是表面為了禮貌回應別人或是假裝出來的強顏歡笑。為什麼會問這一條問題呢？原因很簡單，試想一下，如果一個人並非發自內心快樂起來，那麼又何來展現燦爛的笑容呢？可想而知每天活在什麼樣的狀態下。人們難以獲得到快樂的最大原因之一，是沒有活出真正的自己，總是採取壓抑方式、否定自己、逃避情緒、封閉真實情感、缺乏愛的供應，所以快樂與幸福才難以破門而入。

不快樂的你，請問有感受到心中被壓抑的部分嗎？

散播快樂種子

我們要成為一個幸福快樂的人之前，先活出自我，而在這之前一定要知道有什麼原因阻礙了我們活出自己，不了解問題在哪，又如何解決問題呢？每次與個案會面咨詢的過程裡，其中一件要做的事情就是協助當事人梳理出自己的問題，從而了解問題的產生與及造成的影響，方可對症下藥，治療心靈，重拾活力。當失守以久的心靈世界恢復過來，陰霾隨之消失，並且在活力的帶動下，重新灌溉，快樂的種子就可以從內在茁長發芽。

也許看到這裡，你會感到非常好奇，為什麼有人會不知道自己的問題卻又跑來進行治療呢？是的，沒錯，的確是有太多的人不清楚自己為何會活得不快樂，終日活在憂鬱、焦慮、恐懼之中？如果知道的話，又怎麼會被各種大小問題拉倒人生呢？而我說的並不是少數而是大多數的人，包括過去的我。

「探索自己」是一場終生的活動，在不同階段的「自己」會被不同階段的問題困擾，然而通過發現問題，再深入根治，關懷、照顧、療癒自己就能從中發現到新的認知與提升心靈成熟。而這段過程是心靈成長不可或缺的路程。

在往後不同文章中，你會了解到從前的我是如何被潛意識裡的程序一直影響著，製造出一幕又一幕的悲劇，同時也會了解到後來是怎樣透過覺知，運用潛意識的內在力量，重拾真實又溫暖的笑容，活出自己喜歡的模樣。

你所認識的自己並非眞正的你

　　潛意識的力量確實是令人難以預測和想像，心理學家佛洛伊德是最早期發現潛意識與意識，他相信每個人的深處，都有一個持續不斷影響著我們的行爲，並且獨立運作的潛意識；而一個人之所以有許多困惑、苦惱、痛苦或是無法控制的思想、行爲、態度，就是由深不可測的潛意識力量所造成的。

　　你以爲眼前的自己是眞正的你嗎？如果是的話，爲何你無法掌控這個人的生命？如今你所認識的自己並非眞正的你，而是被周圍的人事物、觀念、道德觀而打造出來的角色，由不同情緒、思維組成的型態，是一種被潛意識驅動的狀態，除非透過探索，深入了解當中的模式，並加以觀察，否則難以認識到眞正的你。畢竟如今的你被太多濃霧掩蓋著，看不清又摸不透。唯有掀開濃霧，帶同溫暖與勇敢，才能從潛意識中發現更深層的部分；當找到這些部分，也就等同於找到「爲什麼你活得不快樂」的答案。

　　「快樂」是人生裡最重要的核心，擁有快樂的狀態，心境也變得平靜，生命自然精彩繽紛。**既然那麼重要，我們又是什麼時候弄掉了它呢？**如果你太久沒有品嚐過快樂的滋味並且忘記了，那麼現在是時候把它呼喚起來，同時帶著這份想要重拾快樂的心情，繼續閱讀本書與及探索、了解自己，讓喜悅重新回到你的身邊，與你在一起。

1. 回想過去的生命裡，哪一段日子、哪一段回憶，讓你最深刻快樂的？那是跟誰在一齊？做了些什麼事情？這件事情讓你感受到什麼？情緒是如何呢？為什麼對你來說那麼重要？當你把這段記憶回想起來之後，可以把它記錄在日記裡，或是也可以寫在本書的這一頁空白位置。在記錄的過程中，請把當天的日期寫下來，之後就開始靜靜地回答。（當你認真的填寫、思考每個練習，肯定會對自身擁有另一份新的覺察、認知。）

第3章
活出自己不是用說的而是做的

前文有提及到想要得到快樂就先要活出自己，可是很多人經常嘴巴說著要活出自己，但實際上有做到嗎？你覺得如今的你有活出真正模樣嗎？感到快樂嗎？還是在自我壓抑的階段呢？又或者是想活出自己卻被心中各種恐懼而阻礙呢？

倘若這些問題有說出你的心聲，那麼在這篇文章裡將會了解到「活出自己」之前，其實是需要明瞭一件簡單又非常重要的事情，那就是**必需知道現在的你並不是那個真正想要的自己，繼而進行認知與轉化。**

抉擇都是被安排的

從小到大的成長過程裡，我們經歷了不同的塑造與影響，當中包括原生家庭、學校、老師、同學、社會、世界；在這路途裡，隱隱約約地被傳輸了各式各樣的觀念想法、道德觀、價值觀、對事物的認知，形成了一個自動化的內在系統、限制性模式，塑造成如今你所認為的「自己」。

也許過往的你活在缺乏覺察的情況之下未必會知道，這個「你」並不是實質上真實的你，問一些問題，就大概了解是怎麼一回事。

「你的人生每個安排是自己決定嗎？還是父母或是其他人在掌控？」

「你能夠把自己的想法勇敢表達出來嗎？」

「你是否害怕若不按照別人的想法做就會被討厭呢？」

最後要問的是一條很值得坐下來靜思的問題，「回想一下在過去的人生裡，你有感受過真正活著的時刻嗎？為自己而活的感覺又是怎樣的？」

以上的幾條問題，也許在過去的生命中不曾被問到的，看到的當下可能會發呆，不知道怎麼回答，心裡感到錯愕；先不要焦慮困惑，不需感到失落，把自己拉回來，其實這一些問題對於大部分人來說，未必能立即回答到。

依據上述的問題，是否開始意識到自己好像都是「被安排」而非出於自行選擇？

被塑造的過程

我最常收到一些觀眾的訊息問說：「為什麼我活得不快樂？不知道自己要什麼？」其實人們不快樂的原因都大同小異，離不開沒有人愛自己、與他人比較、抱怨不平、貧窮和生活過得一團糟。假如沒有從現有的角色中覺察起來，周遭狀況就只會越來越糟，遇到的人事物都是一個惡性循環。你所看到、接觸到的自己，其實是父母與旁邊的人期盼、期待所塑造的角色，並非真正的你。為什麼會這樣呢？塑造的過程就在與

活出最耀眼的自己

父母相處的時候，由於父母在小孩的內心是存在著權威性的，使其有一條不敢越過的界線，更加不敢違背父母的想法，想變成父母心中的乖孩子。在長大之後的人際關係中，為了迎合身邊的人喜歡，不被討厭，就逼迫自己當一個迎接別人喜好的人。除此之外在親密關係中，為了向愛人討索愛，不惜委屈、放棄自己來迎合戀人的期盼，深深恐懼對方離開你之後，會失去愛的來源。

　　由於我們並沒有當過真實的自己，更加對自己欠缺深入的認知，不了解所有念頭的來源，就是造成內在經常產生衝突的戲碼。比如你明明有覺察到自己想做某件事情，卻為了不讓人失望、傷心、難過，最後採取了別人的意願，把當初的決定拋棄了。好不容易經過一番掙扎後，有了「選擇」時，內在又開始出現混亂了，有些聲音、想法出來煩擾你，「你應該要選自己喜歡的事」，「這件事情其實我不想這樣做但為了父母，不讓他們難過，我只好這樣選擇」，就這樣在意識與潛意識之間產生對抗。當對抗與衝突隨著聲音越來越大、想法越來越雜亂，引致無法達到共識，內在世界便會展開一場極為拉扯、耗能的戰爭。

因失去平衡，和諧的連結被打斷

　　一旦這場內在戰爭展開了，不同的聲音與想法會無時無刻跑出來搗亂，影響行動力與執行力，也因此而造成了人們常拖

延的現象，明明知道需要做這個決定，明明知道要怎麼做卻遲遲沒有行動，都是被內在各場戰爭拖拉著。心裡明明有想做的事，想要發展的路徑，但基於考慮到若遵照真實想法選擇，會得失身邊的人，為了不讓他們失望、難過、傷心就只好犧牲，讓自己失望。當失望次數變得越來越多，就會跟內在的和諧、自由、快樂斷交了。隨後心靈世界便陷入對戰狀況，失去內在平衡，不斷消耗自己的體力與精神，引致對人生充斥較多的失望、懷疑、退縮與畏懼，不敢向前踏出，只好停留原地，不斷打退堂鼓。

　　說到這裡不是要你拒絕遵從別人的意願，而是要呼喚起你的覺知。認知到在過去是否活在別人的安排、選擇之下？有否活在別人的要求裡卻不敢表達真實的一面呢？由於我們多年以來都生活在「**別人的期盼與要求**」中，已經成為了自動化的程序，也把它們當作是理所當然的，所以潛意識自然會依照你的意願，進行「**為他人期待而活**」的模式。

遵照心聲，敢於踏出

　　在二十歲的那一年，我不按照父母的安排，勇敢為自己做了一個決定，決定了跟朋友到澳洲體驗打工渡假。那時候的我不愛讀書，成績又不好，對於接觸這個世界和社會都是很好奇的；同時當時的我只要是有辦法離開家裡，離開這個壓迫力極重的環境，我都會十分願意踏出去。不過要做這個決定並不容

易，因為當時候我有一段交往中的感情。除了要放下感情外，還要決心離開生活十幾年的環境，到一個未知、陌生的地方，而且還是一個不同語言文化的國家，心裡肯定會害怕、懼怕自己會否應付不來各種困難，畢竟當時的我還是一個二十歲的女孩。

在難以取捨之時，有一天當時的伴侶跟我說了一段話，成為一道推動力，他跟我說：「趁現在的你還年輕，有機會到外國體驗、生活，那就嘗試吧，會支持你。」聽完這段話，心中的擔憂就消失了，深感有人支持；而我也拿出最大的勇氣、興奮、對未知的期待，開展了燃燒生命的旅程。多年後再回想，萬萬沒想到當年這個決定，改變了我的人生；使我遭遇到許多經歷、轉捩點，**從而跳脫昔日的框架，成為一個可以按照自己意願而活的人。**

如果心中有所渴望、想實現的事情，若再三經過探討，仍然很喜歡、很熱愛、很想要嘗試，就不要輕易放棄你心中所愛，不是每個人都能夠尋找到人生想做的事，也不是每個人都能夠那麼強烈地知道自己內心的渴望，倘若發現了，就正視它吧。正視想要追求的夢，想要擁有的心；當踏出腳步之後，才會慢慢感受到做真實的自己是一種什麼樣的感覺，那是一份既自由、平靜、愉悅的快樂感。

心靈探索空間

　　如果你還是會有所顧慮到身邊的家人、愛人、朋友的感受與看法，不敢開口表達真實想法，遇到這樣的情況可以怎麼做呢？

1. 首先搞清楚你的想法，有多想要踏出去嘗試你想完成的事呢？若是你沒有強烈的原因，在過程中遇到阻擋還是會放棄的。

2. 清楚了解，面對心中的渴求後，接下來就是需要勇氣的時候了，把你想做的事情與你的家人，愛人，身邊的朋友討論，傾訴；或者他們未必會第一時間同意，那就嘗試第二次，第三次的機會，讓他們知道你的誠意與認真。

3. 若要完成你想做的事情，可能需要與家人們之間的協調，所以需要先溝通好，方便安排和配合，好讓雙方可在接納的範圍內，無所憂慮，自由飛翔，讓你盡然實踐，專注其中。

活出自己從來都不是說出來，而是做出來。

活出最耀眼的自己　　28

第4章
從角色中醒過來

如果想要改變眼前不喜歡的自己，首先從自我覺醒開始。

從孩子還沒出生，仍然在媽媽的胎盤時，已經開始在母體內慢慢吸收父母給予的訊息，與外界各方面慢慢連結。然而到小孩子出生後，在生命最初的階段，潛意識會自動化地吸收大量在旁的訊息，同時開始模仿和學習父母、家人的行為舉動、一言一語、眼神、動作、信念、思維、父母相處的方式，這都會直接性對成長造成影響。每個人或多或少都有一些已遺忘的陳舊信念和腐蝕性想法，不知道是何處而來，更不知道它們在長大後都一直匿藏在潛意識的深處。因此一個人的成長過程中，原生家庭對我們所塑造的影響是極為深遠，甚至決定人生的命運和軌跡。

懷疑也是改變的開始

「眼前你所認識的你並不是你」，一個人活了二十幾年後，才開始懷疑、疑問鏡子裡的這個人到底是誰？其實這件事情也頗受打擊的，如果眼前這個人不是我的話，過去的生命裡頭，我又是怎麼活的？我之所以會有這番的覺知，是因為在海外獨自生活的日子裡，我開始發現了自己，開始明白到從前

的那個所謂的「我」，其實都是被原生家庭、伴侶、生活、外界，所打造出來的角色，當中真正屬於我的部分又有多少呢？

回顧到過去的生命當中，猶如穿上不同的制服，擔當著不同的角色一樣。當我是父母的女兒就會穿上「女兒的衣裳」，扮演與背負著孝順父母、對父母好、養育父母的框架；當我是別人的愛人就穿上了「溫純衣裳」，對伴侶好、盡心盡力付出；當我是別人的朋友或閨密就會穿上「濫好人的衣裳」，總是為朋友著想、付出、講義氣；當我是別人員工就穿上了「盡職盡責的衣裳」，用心工作、做好本分。可是當我獨自一人的時候，屬於我的衣裳是什麼呢？

是否覺得這一些衣裳很熟悉呢？你也是否正擔任不同角色，穿上不同的衣裳呢？每當我們穿上不同的衣裳之後，那個你就是被改造過，充滿了標籤、標準、框架、身分特徵，你會配合不同場合而穿上不同的衣裳。**也就是在生活裡太常扮演不同的角色，欠缺覺知的情況，我們就會越來越迷失，內在世界越來越混亂，糊里糊塗地持續扮演著不同的角色，卻忘了「自己的衣裳」在哪裡呢？**更可怕的是忘記了，原來是有這件衣裳的存在。

濫好人的衣裳

一個人遭逢到人生巨大的低潮，必定會深入反思並進行改變。由於一段把我推向人生谷底的時期（在第4單元和第5單

元會說明），使我能夠深入認識自己、認識外界原來有許多療癒的工具可以協助的（例如時間線療法、NLP、催眠治療、靜觀等等）。在過程中我發現到原來一直以來之所以過得不快樂的其中一個原因是經常穿著「濫好人的衣裳」，而我卻蒙在鼓裡毫無覺知。直到回溯起過去種種的行為、習慣，才明瞭許多時候內心對於別人的要求是有意見、不想配合的；但基於從小與父母相處的模式中，培養出「不敢違背」的限制思維，深怕若是違背了會被責罵、嫌棄。所以造成了在人際關係中，不知不覺地擔任濫好人，盡力配合別人的要求，儘管有時會感到自己不願意也會設法完成。但是大多數的時候，是無需思考、更不會覺察到是否願意，潛意識的程序已經自動化地運作著濫好人的行為。

當我意識到這件事情的時候，明白到這樣會嚴重阻礙建立自己，更會因為經常在意別人而無法活出快樂的自己，所以我決定放下這件濫好人的衣服，重新設計一件穿起來舒適、快樂、自由的衣服。

改變由內在開始

我們為了滿足，做到別人標準要求所以會願意配合角色的扮演，盡心盡力做好每個角色。因此經常徘徊「滿足別人期待的自己」或是「不敢當真實的自己」，這兩股力量至少在運作，造成兩者之間產生衝擊；一方面害怕沒有成為別人所期待

的人就會被討厭、被離棄；另一方面心裡又想活出真實的自己卻不敢，因此兩者之間的鴻溝越來越大。如果想要從各種角色中醒過來，第一步需要做的是，開始覺知這一切的發生，包括如今的你是如何演變到現在的你，覺知現在的你並不是完全的你。

想要改變外在世界，必須由內到外做出改變，通過探索、療癒、釋放、修復，將對心靈世界造成巨大的變化。如果你願意接受，不需要擔心改變是一件困難的事，畢竟每天生活中的改變，你都能通過，不是嗎？更何況如今的改變是你真誠接受的，因此潛意識接收到意願後，必定會配合做出美好的顯化，使你全然地活出心中愛的模樣，綻放出最耀眼的你。

心靈探索空間

當經歷過「你不是你」的階段，便會懂得、明瞭、珍惜，可以成為自己是一件非常幸福的事情，而這份幸福是可以力擋外面的風吹雨打，成為心中溫暖的港灣。

隨著越來越能活出自己，自信越來越充沛，幸福快樂的指數自然會由內而散發出來。

第5章
還沒當夠小孩就被迫成為大人

　　從前的我不喜歡跟任何人討論有關於「家」這個話題或者會無意識地逃避講述。如果非得要我聊的話，言談之間，內心會感到非常不舒服，出現討厭的感覺，心裡有大量難以說出口的情緒存在，猶如一開口傾訴相關話題，便會有一種害怕的感覺產生「再也守不住壓制以久的大量負面情緒」。因此，為了避免在別人面前展露脆弱的一面，所以我就把家這個話題當作是禁忌的聊天內容。

　　在孩童與青少年時期，身邊的朋友經常討論著家人是如何對待他們，如何關愛、寵愛、多麼用心照顧、給予陪伴、種種親子互動。每次我聽到這一些話，心中不禁產生疑問：「父母與小孩之間的愛，到底是怎麼樣？」難以明白家給予的溫暖是什麼，不懂朋友所形容的感受，也無法理解那一些所謂的愛是什麼，怎麼會讓人如此快樂？除了疑問之外，還能隱隱約約感受到一份被強勁壓住的「羨慕感」，內心非常渴望得到這種愛與溫暖的感覺，可是現實卻往相反的方向走（那時候我所認為的想法）。

每個人心裡都有禁錮的話題

　　有時候與人接觸、相處的過程中，隱約發現到，其實並非每個人都願意談論有關原生家庭的背景、小時候的經歷。即使是一些認識多年的朋友也終究未能一一把當中的細節、傷痛說出來。這也是能理解的，都已經把傷口掩蓋得好好的，假如再提起就等於再度揭開傷疤一樣，等於又要再痛多一次；甚至有一些痛是不想再經歷的。

　　那麼對我而言，為什麼不喜歡討論有關家的話題呢？

　　當中必有原因，而這個原因就是不想再提起不愉快的記憶。當我們遭受到痛苦、恐懼、令人無法忍受的情況時，不外乎有三種反應：逃避、反擊、凍結。無論採取那一種反應，我們都沒有充分面對事件所帶來的影響，只是懸而未決的儲藏在潛意識裡，占據空間，吞噬心靈養分，最後成為了未被治療的傷口。而我的記憶裡幾乎都是一些讓人難過、恐懼、心靈受傷的回憶，也基於敏感特質，容易受別人的一舉一動影響，也較容易儲藏比較強烈的情緒。所以根本難以回想有什麼特別開心的事情，那一些未被治療的傷口、負面情緒，不斷淹沒內心，經常出來打擾，而當下的我是沒有能力面對這一些困擾，因此選擇了逃避。盡量不向任何人提起，希望這樣做可以把所有的痛苦埋葬起來。

　　直到後來有一次與內在小孩接觸之下，重新掀開這一些已結疤多年的傷口，才明白為什麼有關「家」的話題對於我來說

是被禁錮的話題。原來當中有太多未被覺察到的部分，它們一直默默影響著長大後的我，使我活成一個被自己所嫌棄的人。有關與內在小孩相遇的部分，將會在第4章分享更多。

失去笑容的原因

如果你從小也受到原生家庭的影響而活在痛苦之中，以下的一番話，有機會協助你更加明瞭爲何自己活得不快樂的原因。從前身爲小孩子的我搞不懂爲什麼會有這樣的一個家庭，每天家裡少不了吵鬧、總被父母責罵。不管你多麼用心做好一件事情，爲了想減輕父母工作的辛勞，已經非常盡力配合大人的期盼，滿足父母的要求，同時兼顧保護自己不受傷的狀況下（因小時候會於家裡的店幫忙；當時的年代就是這樣），卽使心中極爲害怕做錯事，害怕做不好又會被罵；可是小孩子的我仍然勇敢地選擇突破眼前的恐懼，盡力達到要求。可是這顆「用心」萬萬沒想到，換來的是一句又一句痛心的話：「你怎麼那麼蠢，這種小事怎麼教都不會做。」，足以把你所有付出與努力狠狠打碎、擊碎得體無完膚、自信心受創，心的傷痛就是這樣，一點一滴累積起來。

當年還是七、八歲左右的小女孩，不知道要如何處理心中無數的難過、心痛、不被理解，更重要的是她不擅於表達情緒，更不懂得幫助自己，害怕表露心聲。小孩子的個性是非常直白的，喜歡和不喜歡都顯而易見；不懂得排泄情緒的她，只

好把所有的難過、不愉快都搬到臉上，掛起一塊像苦瓜般的臉色，很少展現笑容。不了解她的人（當中包含父母）會說：「整天都掛著這副臉，好像是誰得罪了你一樣。」面對這番評論更是苦不堪言，非常無奈。不是她不想笑起來而是這個家並沒有什麼事情讓小女孩能夠從心發出天真的笑容。小孩子的個性本來就是如實呈現的，試問如何要她不快樂也要笑呢？

還沒準備好就要被當成大人了

　　不知道你會如何形容你的童年呢？希望你是跟我相反的，代表著你的童年是快樂的，起碼在童年的回憶中，還能保留快樂的回憶。不會像我的童年那樣，在童年的時候，沒有辦法成為一位小孩子，而是被父母當成了一位成人來養活，用著成人的模式對待，根本沒有好好地享受過當一個小孩子的純真、權利、撒嬌、活潑。

　　不過話雖如此，慶幸在成長過程中的累積，重擊性地把我打倒，才有機會可以通過一段深層次的接觸和療癒。從中發現到當年小孩的世界裡，這一些不愉快的回憶，是含蘊著長大後方可領取到的智慧。雖然在小小年齡就開始被訓練成大人，喪失了當小孩的資格，不過卻得到從小認識成人世界的機會、開始接觸陌生人、開始獨立面對困難。就是這一切由小時候培養的獨立，造化了長大之後哪怕只有自己一個人，也有勇氣去嘗試的特質。所以事情的發生總是有兩面的，一面是正面的，一

面是負面的，也就是說兩面同時存在的，取決於你選擇了那一面向？小孩子的我當時只看到負面的，可是長大之後，歷練讓我看到正面的那一方。

如果你的內心仍然對父母的行為感到不理解，不明白為何小時候會遭受到他們無理的對待，那麼你可以回想一下自己小時候被對待的方式。其實你的父母在孩童時代也受到同樣的對待方式，才會無意地加諸於你。由於他們缺乏對自己的了解和覺察，失去一個讓自己變得更好的機會，同時也受到潛意識裡的程序操縱著，才會無意識地做出許多使你無法釋懷、原諒的事情。也許如今你也未能體諒他們，沒關係的，可以先從這份理解開始，並且對自己的感受有一個覺知。

在不斷療癒的過程中，驚訝地發現原來原生家庭的影響對於一個人的成長，是極為深遠，足夠可以決定一個人的人生、命運是如何。

心靈探索空間

1. 對於你的童年，會如何形容它呢？想起來會有什麼感受呢？

2. 小時候的你能夠坦然地表達內在的想法、情緒嗎？如果沒有，又是什麼原因呢？

3. 屬於你心中的禁錮話題又是什麼？假如要你談論它，會有什麼感受？（這題能夠了解到內心在逃避的問題是什麼）

4. **假如小時候沒有好好當過小孩，長大後，你可以允許自己成為內在那位小孩。**

第6章
跳出限制的枷鎖

每個人的潛意識幾乎都被根深柢固的思維模式操控

　　在前文有提說到如果是有辦法逃離家裡那股像魔爪般的力量，那麼我一定會非常樂意踏出第一步的。小時候到青少年階段，經歷了許多個非常難捱的晚上，每當感到絕望的時候，有一個想法總是爲我提供了「希望」，那就是「趕快讀完書就可以工作，接著就可以離開不快樂的家」，因爲有了這個想法支撐了我，成爲捱下去的動力；同時也讓我無法集中精神在學業上，心裡只焦急著趕快讓時間過去就可以願望成眞了，不明白學業對未來的重要性。回過頭探討是有原因可以追溯到的，回想當時成績眞的那麼差嗎？還是我無心想要讀書呢？其實父母也爲我請了補習老師，可是到底爲什麼學業還是不好呢？這個謎底終於在後來的一次自我療癒過程中，無意間發現了原因，意識到潛意識裡的威力影響，超出所想像的範圍。

不想讀書的起因

　　事情發生在小學五年級，那時候在課堂上發現了讀書的樂趣（因本來不喜歡讀書），所以就很專心，很用功在上課讀

書，並且準備接下來的考試。那一次的成績是印象非常深刻的，接過成績單後，看到分數不但有進步而且考得比從前好很多，除了老師向我表揚有進步外，內心也非常雀躍，開心得蹦蹦跳；對於整個學業生涯來說（年幼時期）是非常好的成績。當時候心想父母應該會為這事而誇獎我的，所以暗中歡喜。回家後就把成績單拿給父母看，可是他們的反應跟我想像的相反，不但沒有表揚之外，更是冷漠對待，只隨便看了一下和知道是有進步就算了。當時的我雖然年齡小，但也能感受到心裡的難過，不被重視，內心好像希望可以有點關注，可是就不清楚期盼在父母身上得到什麼。有一次媽媽跟阿姨交談時，聊到有關是次考試成績的事情，當時候阿姨有表揚我，跟我說：「妹妹，你好厲害。」接著媽媽一副沒關重視的回說：「這有什麼好厲害的？」就是這麼一句話，深深印在潛意識裡。

那一次是我用功並且專心讀書而得到的成果，結果被潑了冷水，而這盆冷水還是由最親的人說出來，真的是太傷心。可惜在不善於和不懂得向父母表達情緒之下，就這樣把傷心難過埋葬於心裡。沒想到這一些未被化解的情緒和想法，使之後的我對學習充滿了負面想法，對學習甚至不感興趣，被一種想法淹沒頭腦，「我做那麼好又有什麼用？都沒人懂得欣賞。」其實當時候真的是沒人欣賞嗎？事實上起碼有一位阿姨的欣賞，只是小孩的心中渴望得到的是父母對自己的認同、肯定。當無法獲得就會形成負面的想法，認為自己不夠好，不配父母欣賞，所以就被負面想法阻礙了前進。

每一個人的潛能都是無限的，可惜我們總是被過去的經歷而限制了自己的進步。

不同的角色，到底背負了多少標籤？

父母經常在無意間為孩子貼上了不同的標籤，像似「你是一個笨孩子」，「你沒有別家孩子的優秀」，「你就是沒那麼討人喜歡」，日子久了這一些話就形成了孩子心中的自我形象，認為自己就是如父母所說。這會為孩子造成兩種情況出現，第一種情況，孩子會把父母為自己所建立的形象，烙印於心，容易產生自卑感，缺乏自信心，個性較怯懦；第二種情況，孩子為了對抗父母給予的標籤，不認同、不服氣，於是會拼命地向父母證明自己並非如此，為了表現出優秀的一面，很努力地成為一個優越的人，可是越是想證明，內心就越容易焦慮、越來越急，最後形成了一種超強的自我防衛的性格，讓人難以親近。

思維模式是如何掌控你？

從小到大，我們不受控制地被思維模式占據，以不同的框架看待自己或是別人。

例如在看待自己方面，會覺得自己不夠好、被拋棄、是個難以溝通的人、是個不值得被愛的人，像過去的我就會覺得沒

有獲得到愛與幸福（這是還沒被療癒前的感受）。

當擁有這一些思維、想法緊緊鎖住，隨之而起就是產生大量負面情緒，感到自卑、內疚、失敗、難過、傷心痛苦、憤怒等等；繼而在人生的軌道便會欠缺動力，無法採取行動。當看待別人時更是落於「與人比較」的惡劣循環中，跟別人比家庭背景、學歷、樣貌、財富或者自己是否得到世俗的成功，從而評價自己與他人，這一些都是限制了我們跳脫心靈枷鎖的原素。

潛意識會根據我們所想而顯化一切，不管是好是壞，一旦潛意識接納某個念頭便會開始執行它。就像我小時候讀書這個例子一樣，我被自己所創造出來的信念「我做那麼好又有什麼用？都沒人懂欣賞。」鎖上枷鎖。

說到這，可能會想，我之所以會有這種想法都是因為父母沒有給予鼓勵、讚賞才會使我失去了信心、失去了對學習的動力，確實是這樣，但這也是事件的某部分並不完整；確實我當時是沒有得到父母讚賞、不被重視，可是我卻背負了「自己的好是沒有用、努力是沒有用的」這個想法，也就是說我允許這一些想法住在我的潛意識裡許多年，所以才讓它們顯化出各種惡夢在我的生命裡，對學習失去動力，放棄努力。

透過認識到潛意識的運作和影響力後，再深入潛意識裡探索，喚起了這件被遺忘，甚至也記不起來的事情。瞭解到這件事情所產生的負面想法和情緒控制了我多年；在一番了解之後並尋找到核心原因，我選擇釋放過去的想法和為心靈解開枷

活出最耀眼的自己　42

鎖。一旦藉由覺知和破除這種根深柢固的思維想法，我轉向學習的跑道，目的爲了持續做著自己熱愛的事情，因而保持不斷的學習和探索，同時享受其中。（在我的Youtube頻道有支影片分享到如今的我很愛學習的原因）

心靈探索空間

1. 無論發生什麼事情，產生了什麼思維、念頭，都可以從我們身上轉換新的思維；哪怕思維是別人塞來的，只要你重新選擇，事情的意義就會變得不一樣，此時心靈之鎖自會迎刃而解。

2. 面對到眼前的困境，可以爲自己做的事情是找出當中阻礙你的信念想法是什麼？隨後把它們一一擊破，重新輸入對你有正面幫助的信念、思維。

單元 2.
深層思維與休的關係

第7章
初次學單車的失敗印記

　　每個人初次嘗試、體驗一件事的時候，會對事情產生一個大概的認知但並非全面性的。我們藉以首次體驗事件的所有，包括看到的、聽到的、感覺的、觸感、想法、環境等等，從而於心中定下一個判斷，為事件賦上一個意義，或是形成一種信念、結論。之所以說「大概的認知」，原因是我們在看事情，聆聽事情，體驗事情的時候，都不是客觀的，當中存在著其他人的言語或行為上的影響，環境的影響，情緒的影響，過去經驗的影響。就在各種因素下，我們對於自己當下所經歷的事情，會有屬於自己的想法和情緒產生在其中。比如一群朋友同時間去看同一部電影，每個人看完這部電影後，所得到的感受、想法都會有不一樣的，這也是反映出每個人的心靈世界是獨特的，儲存著獨特的體驗、過去、經歷、智慧、領悟。

為什麼要認識這位朋友？

　　如果想付諸實行，創造出屬於自己的人生，活出自己，成為自己最耀眼的光，就需要認識這一位在我們人生中無可避免的朋友「失敗」。不管在人生、財富、感情、家庭都會接觸到它給予的感受、挫折，所以必須與失敗進行交涉，否則只會被

恐懼左右行動，最終無法超越昔日的框架。

　　相信大部分人對「失敗」都不陌生，一定有跟它交涉過的經驗。不知道當你面對它的時候是採用什麼態度呢？選擇欣然接受？還是畏懼逃避呢？

　　在過去我曾多次與「失敗」交手的過程，都是處於超級畏懼、討厭、拒絕往來的狀態；基本上只要它在前面出現，我就會落跑的那一種。不過世事總是讓人意想不到的，如今的我竟然可以與它並肩同行，即使它在前方也不會想逃避，反而是一種順應生命自有安排的態度，放任嘗試，品嚐過程所帶來的味道。

　　那麼我初次與「失敗」相遇和認識，又是在什麼時候呢？它又是怎樣形成了限制性的想法，阻礙了未來的我呢？

初次接觸失敗

　　時間要回到大約六歲的時候，那是第一次爸爸教導我騎單車的過程，也是第一次體會、接觸到失敗感與挫折感；可惜當時的我並不會分辨，原來這時候所經歷的感受就是失敗感。一直到了長大後，為了要讓自己成為內外堅韌的人，於是展開了一場又一場的自我突破，克服內在恐懼，其中一場追溯就是對失敗的恐懼到底是由何而來？

　　驚訝地發現這件騎單車的事情在小時候就已經開始於潛意識裡種植萌芽，怪不得在長大後，遇到想做的事情，雖然也會

嘗試，可是總會在一些重要關頭卻步，不敢前進而猶豫不定，因為害怕失敗。

從小爸爸教育小孩的方式一直都是獨立學習，放生孩子、自我學習；事實上，部分原因是工作和忙碌生活，難以經常教導和陪伴。

記得那一天，爸爸拿著一台單車，輕輕從旁指導一下，它是如何啟動，之後我便踏上單車的寶座，那時候首度感受到內心的新鮮感，既有趣又懷著探索的精神來嘗試驅動眼前的單車。當爸爸看到我能夠騎上單車後，自行驅動了幾下，就放手讓我一個人在踏單車，而那時的我盡顯了一個小孩子的天真爛波，享受其中，展露笑容。就在沉醉於快樂時光的時候，就遇到一件事情而 間失去了笑容；由於是第一次的新接觸，在沒有穩定的平衡基礎之下，於單車上跌倒在崎嶇不平的地面上，當下感到膝蓋很痛，手也有擦傷。不知道怎麼辦，想找人幫助但眼看旁邊沒有人，心感到很無助，畢竟對一個只有六歲的孩子來說這是一件不知道如何處理的狀況。

了解恐懼、害怕的來源

因此只好等待，而等了一回過後還是沒有人來幫助，看著面前的單車，心中不禁產生了憤怒、委屈，跑出很多的想法，「為什麼沒有人教導我？

為什麼要自己一個人獨自面對？」，除外心中充斥著滿滿

害怕的情緒，另外一方面又很擔心若是學不會，會不會被嚴厲的爸爸責罵或被打呢？

　　就這樣越想越被負面思緒包圍著，加重了害怕的感覺。與此同時在這次學單車的經驗中，初次嘗到「失敗」的感覺所產生出來的情緒反應，原來是那麼難受的，它使人脆弱、恐懼不安、孤單無助，心中更是被厚厚的無力感，緊緊圍繞著整個腦袋。就這樣，種種的想法與情緒被深深烙印起來，繼而儲藏在潛意識裡，在未來以不同的干擾方式呈現在日常生活裡。最常見的事件是，因為恐懼而不敢嘗試新的事物；所以讓生命錯失體驗美好和幸福快樂的機會，這都是一些限制性的思維，阻礙我們走向身心健康的發展。

　　當我們的潛意識裡，滿載著對各種事物的恐懼、擔憂，就等於把可使用的精神動力都花光在其中，並且為那些恐懼擔憂的事情注入能量，進行強化，因此才會出現大量不幸運、倒楣的事降臨到生命。想要清理過去的影響，需要從「敢於嘗試」開始落實，對自己開啟覺察之心，了解恐懼、害怕的來源，進而接納、超越恐懼。

　　同時如果你伴隨一顆臣服生命之心，以保持開放的態度觀察自己，覺知生活裡的模式及反應，自然地你可以活得越來越輕鬆自在。變得更加有意識地覺知舊有模式與恐懼來源，並且溫柔地覺察它們，不加以批評。

　　在本書的後期故事裡，會更加地了解到我的敢於嘗試，能夠欣然地迎接失敗，並非無端發生的，而是一步一步走出來

的。大多數的人厭倦了現在的生活，是因爲不敢踏出舒適圈，害怕失敗，害怕遇上挫折，更懼怕嘗試之後的結果，所以一直徘徊「嘗試」與「放棄」之間的糾結。由此看來把大部分的精神花在內耗過程裡，何來有其他的精力與動力投放在「踏出去」的這件事情上呢？如果永遠不開始下定決心，困難失敗總會有攻擊的一天；你寧可處於終日擔心害怕，每天活得不快樂，還是想勇敢爲自己爭取，活出快樂的你，答案都可以從你身上尋找到。

　　「你不能夠不想面對失敗，而錯失讓自己成長的機會。」

心靈探索空間

　　深入了解自己的方式，透過問自己不同的問題中，自有答案。

1. 爲何現在你會如此糾結於「嘗試」還是「放棄」的思緒裡？是害怕嗎？有什麼事或什麼人使你不敢呢？

2. 如果你嘗試了又會怎樣？如果你放棄了又會怎樣？

3. 在你的內心裡，眞正恐懼的是什麼？（誠實面對自己）如果你不清楚，可以想想若是失去了什麼會使你恐懼，這樣你就知道失去了這事或人會使你害怕；除此之外留意一下，自己爲了不想失去這件事，做出了什麼事情？會不會因爲不想失去而委屈自己做不喜歡的事？迷失自己？

第8章
被自我創造的命運困住了

從小到大聽過不少人生道理，可是又有多少能夠真的打進腦袋，觸動人心呢？

隨著人生的經歷變多了，發現到許多的「人生大道理」，大家都一定聽過卻不懂得如何實際運用。有時候遇上它們，也要看當下的你能否領悟其中包含的智慧，倘若在錯的時間遇到對的事情，而從中未能獲得實際學習，確實是一種損失。

不過無須擔心「錯失機會」，今天的錯過，未來必定回來，目的是讓你從課題裡破繭而出，突破舊模式的制約，開展人生嶄新的一頁。

有一個比喻頗貼切，如果今天肚子處於特別飽滿狀態，倘若再好吃的食物放在面前，也未必能頓時吃得下；相反今天肚子餓了，對此有需求，擺在面前的食物就自然能吃得下。同時也能特別深刻地體會到食物的珍貴，平常是默不作聲地為身體供應能量、輸入營養，維繫著我們的生命，這份覺察讓你懂得感恩，珍惜。

這猶如我們的人生一樣，從前聽得再多，學習過再多，都未能吸收進心，難於融會貫通，相反若是今日心靈有需要了，哪怕是一句話也能成為你的救命英雄，傳送滿腔熱血，暖暖的能量，流入心靈世界把你從布滿烏雲思緒的黑洞裡拉出來。

活出最耀眼的好自己　52

那一刻，你才真正地領悟到那句話的智慧並且永遠烙印在心中。

被摧毀性的程式操控

不少人的人生中，必定走過迷茫的路；從出生開始，我們就猶如乘坐了一台名叫「人生列車號」的火車，這台火車會經過不同的站，有時候會在某一些站停留得比較久，有時候則停留一下子就繼續開往不同的目的地；而這台列車的車長是你，掌舵它的方向和目的地，該停在哪一個站，要停多久？一切都是取決於你的選擇和決定，可是許多人卻誤以為這台列車的車長是外界的人、外界的事，甚至稱之為「命運」，終其一生受盡影響、操控，抱怨人生沒有選擇權。

即便你可能不知道，但實際上你的潛意識每天都在操控你，我們受著媒體、各種廣告、宣傳多年以來一直使用潛移默化的方式在影響和改造我們的想法、觀念，藉機植入潛意識，從而成為程序的部分，默默運作。潛意識裡被安裝和設計了許多不同的程序，當中包含積極、善意、正向的，也有消極、負面、摧毀性的程式在運作。

心理學家榮格對命運提說：「你的潛意識正在操控你的人生，而你卻稱其為命運。」

本書是要讓人能活出耀眼的自己所以必需要認知潛意識裡被設定的限制。

為何這跟能否活出真正的自己有相當大的關係呢？

這當然是有極大關聯性，如果今天你認為眼前所看到的，所聽到的，所發生的事件都是源於原生家庭帶給你的，都是外界一手造成的，都是命運對你不公平，都是上天不喜歡你的話，那麼無論在潛意識裡也好，心靈世界也好，都會不斷地創造出實相，你相信什麼就創造什麼，並且加以向你證明「沒有能力，沒有主控權」這件事情。

試想一下，當一個人每天看待自己的眼光與自我對話，都告訴自己：

「我是多麼失敗無能，沒有一件事情成功。」

「這件事情那麼難，我一定做不到。」

「我什麼都沒有，又沒有別人那麼聰明。」

常常怨天尤人，鬱鬱寡歡，只能依靠外界支援。當缺乏外界的協助就會怪責別人不施予援手，認為都是缺乏支援才讓想做的事情完成不了，於是就相信自己是做不到的，沒有能力的，負面信念也就此而形成並一直跟隨徘徊不去；在這裡可以看到我們是如何成為折磨自己的創建人。很多時候，除了外界所接觸的人對我們造成影響之外，**自身所造成的影響和限制也不可忽略，甚至也是搞垮人生的幫凶之一。**

心靈監獄

在Netflix的美國影集《魔鬼神探》中，於第6季的其中一

集，情節說到一個劇中的壞人死後下了地獄。在劇中地獄的場景是一個陰沉沉、黑漆漆的世界，有著許多道不同的門。而每一道門的裡面是屬於每個人死後的地方，都在重複經歷著在世時的痛苦事件、歷盡內疚、責備的折磨。這道門是沒有上鎖的，只是人們不斷在重演著歷史和過去的傷痛、執念，因為難以放下、釋懷才被困在其中，然而想要逃脫這樣的痛苦循環，就只有自己。

看到這段情節的時候，腦海裡就跑出我經常與人分享的比喻，就像圖1所顯示，我們每一個人的內在都有一座牢獄，我稱它為「心靈監獄」。這座心靈監獄通常都不輕易被當事人發現到，畢竟它已經成為潛意識裡的自動化程序，被你接納並視作正常的，但實際上是摧毀精神、堵塞幸福、豐盛、健康前進的阻礙。

那麼是誰把你困在裡面呢？答案就是你自己。

從小到大經歷過許多不同的大小事件，特別對於我們產生重大意義、傷痛的事情會被刻印在心裡，然而形成心的裂痕、陰霾、痛楚；當我們無法面對、釋放、修復的時候，就被緊緊困在心靈監獄裡。不斷被過去的經歷、錯誤想法、負面情緒、痛苦、傷痛折磨著心靈。除非能夠先覺知到自己被困了，繼而運用潛意識的力量來修復、療癒傷痛，這樣才能從心靈監獄裡「看見」那一道可以釋放自己的門，重新獲得自由、快樂、平靜、富裕。

圖1

駕駛人生列車號

　　當我們一出生來到這個世界上，「人生列車號」的旅程已經開始展開了。而我們每一個人的旅程都是獨一無二的，會前往不同的地方，所探索的環境、到訪的車站、目的地都是不一樣的。當列車行駛久了，也許會迷失方向，不知道下一站要到哪裡、忘記了前進的目的是什麼？因此有些人累了就不想出發，選擇停留在某一個站，過著盲目厭煩的生活；有些人則不斷抱著好奇心，探索新事物，持續展開旅程，豐富人生閱歷，讓其列車在生命燒盡的那一天，得到靈魂的升華，體驗更多的收獲。

不管今天列車選擇「停留下來」還是繼續開往不同的地方探索，其實都沒有人能夠肯定地告訴你要往哪走，要在哪裡停，怎麼做才是對的。即使在路程會感到迷茫，感到累了，不想再往前進，那就先允許自己「停下來休息」，這也是一個選擇，更是一種個人權利。只是人活太久了，漸漸變得糊裡糊塗，總認為許多事情一定要按照意願走才是快樂，才是正確的選擇。卻發現不到一些很簡單，本身就擁有的權利，其中一樣是讓自己從心裡發出純粹的微笑。另外也不要忘記自己才是人生列車號的駕駛者，往哪裡走都是由你掌舵的。人生裡有不同的選擇與可能性，若一直被困在自身所設的心靈監獄裡，就無法能夠綻放光彩。因而從今天起讓自己從恐懼、痛苦、憂慮中轉向希望、快樂、積極的懷抱。

心靈探索空間

1. 人生的路是可以自己選擇的，決定停留在哪一站取決於個人。

2. 每一站的停留也許是一種失去，可是「得到」將會在下一站與你相遇；每一站的停留也許是一種獲得，可是「失去」有可能將在下一站化身為你的導師；雖然兩者之間使用不同的方式，但都有著共同目的，就是為了成就更好的你。

3. 如果一個人不願意幫助、釋放自己，只能一直在心靈監獄裡受盡一次又一次的折磨，消耗更美好的自己，終日活在匱乏、痛苦、貧困和失敗之中。因此你就是最關鍵的一條鑰匙。

第9章
時間會沖走一切是錯的

有否嘗試過這種經驗？當你的生活過得平靜，無風無浪的時候，總是出現許多突如其來衝擊，讓你承受痛心疾首，痛苦難受的情緒。大多數的人在經歷痛苦的狀態下，為了減輕痛苦所帶來的折磨，便採用不同的方式脫離，其中包括放棄自己、酗酒、吸毒、沉迷性愛、依賴物質或是出現靈性逃避等等。借用以上的解決方式在現實生活中，創造出暫時性的傷口止痛、麻醉的假象；然而身處在痛苦之中的人是看不見自己沉淪於暫時性的假象當中，心中急著只想把痛不欲生的感受鎮壓和忽略它們存在。

每當遇到傷痛之事，由於人們不懂如何安慰、平撫傷心者的洶湧情緒，於是就會向傷心者說：「時間會把一切的傷痛帶走，過一陣子就會沒事了。」

從我的人生經歷和經過一番療癒的過程之後，可以很坦白說「**時間是不會磨滅一切傷痛，只會不斷累積與占據心靈空間**」。時間在傷痛這事情上確實是能夠擔當暫時舒緩的好角色，可是同樣地也助你扮演著逃避者的角色。從而隱藏傷痛，脫離難以承受的情緒，接著把所有雜亂情緒壓抑到潛意識，直到意識層面的你，誤以為傷痛已經消失了。

自欺欺人的假象

　　不過事實卻並非如此，這只是人們自我創造的假象，好讓欺騙自己能好好活下去。每個人的心理都有一個防禦機制，假如當下所發生的事情會造成當事人心理、精神有嚴重創傷而這巨大的情緒是當時人無法接受、難以承受的，事件就會被儲放在潛意識的深處隱藏著。也有一些情況是由於該事件對於當事人的身心造成無法承受的傷痛，因此潛意識裡會把這段記憶壓抑在最深最深的位置，透過這樣的方式保護當事人的身心、精神健康，避免承受過度的情緒而導致精神層面崩壞。

　　試回想一下你的前任伴侶或是父母，曾經說一些讓你感到難過、受傷的話，又或者做了一些傷透你的行為，如今再回想那些片段是什麼感受？仍然會在意嗎？

　　仍然會感受到內心傳來陣陣的刺痛嗎？還是連想都不敢再想起呢？

　　如果以上問題的答案是的話，都是意味著傷痕並沒有因時間的流逝而消失，相反只是先利用時間寄存著悲傷。通常我協助個案進行心靈優化，進入潛意識裡探索，回溯問題產生的根源，往往會有所發現；原來過去一些感情傷痛、原生家庭創傷、人生遭遇所造成的傷痛，到至今還是無法釋懷，瘡疤仍然會流血。因此才需要透過心靈療癒的方式，深入潛意識的寶庫，治療那些未被癒合的傷痛。

痛苦是如何在心裡扎根？

　　漫長的人生旅程，難不避會有不同的事情發生在我們的生活當中，也許是經濟衰退、個人財務危機、失去至親至愛、生意失敗、感情失敗、疾病纏繞，面臨各種大小事情的不順暢；不知道有沒有發現，往往當你越是倒楣的時候，生活的不順利更是接二連三的發生，變得一團糟糕，彷彿沒有一件好事發生。感受到一切猶如把你整個人拖拉到地獄裡，受盡身體、心靈、精神上的折磨，讓你懷疑本身的信念，甚至於開始相信了「人生真的很困難」，「人生充滿痛苦」。

　　相信有經歷過生命巨大風浪的人，一定會明白這種每天猶如活在地獄般的生活、整天憂愁滿面、好想趕快把這種折磨消除掉。其實過去的我看待痛苦的事情，都抱有一種討厭、恐懼、逃避的心態，不明白為什麼人生需要有痛苦難過的事情發生，覺得這一些事情只會讓人感到絕望、受其折磨，甚至對人生產生懷疑，到底人類來到這世界上如果是要受苦的話，那麼又有什麼快樂可言呢？

　　由於這一些負面想法深入潛意識裡，內在系統就做出相對的回應，並往負面的方向運作，為我帶來更多麻煩、煩惱、失敗、沮喪的經驗。在受夠了不少痛擊的教訓後，終於學會了。當你越是對這種折磨拒絕於門外，越掙扎，它們越會向你的心門叩門，更不會取得批准就進入你的心房了。其實在這個時候，你可以豁然地接納它們，歡迎它們加入，進入你的世界，

與它們在心靈世界，達成協調，成為互相學習的對象；痛苦的到來是為了助你生命產生燃料，通往幸福快樂、平靜，而當中是需要越過痛苦之後才能遇到。

幸福隱藏在痛苦背後

若是你永遠看不透，總是在低層觀看著自己的痛苦、不幸運，不能在更高的角度看待人生，只會把自己局限在你的困境世界中，迷失方向，迷失本來的自己。我經常很喜歡提起一個比喻「你的世界正在下著雨，烏雲蓋天，在這種情況下，你的眼睛只看到烏雲在天空的存在，而不會看到在烏雲之上，原來還有一整片晴天白雲正在等待散發著耀眼的光。」

人們的思緒總是輕易地給眼前的烏雲嚇倒，內在就自動產生恐慌、擔憂、害怕未知、懷疑的思緒，卻不知道被自己所製造出來的烏雲而掩蓋了雙眼。其實只要耐心，靜下自己的心，跟隨事情的流動，慢慢就看到內在世界的烏雲也會跟隨散開，心中的太陽已向你迎面而來。

心靈探索空間

1. 回望過去的你是如何在痛苦中渡過呢？在過程中，是否有學到某一些能力？例如抗壓性能力提高，分析問題的角度變廣闊，訓練到獨立的特質。也許過去你是很討厭痛苦的到來，如今可以靜心回憶起來，它們給予的優點是什麼？

2. 風風雨雨絕對不是讓你感到難受，相反是提醒你，該是時候進入下一個階段，迎接新的轉變；地獄般的生活不是要打倒你的人生，而是從中喚醒靈魂，活出自己。

第10章
難以置信的跨欄故事

意識與潛意識的差異

　　意識層善於以理性分析、批判、辨別、邏輯思考為主，把所接收到的資訊進行歸納、分類再把資訊過濾之後進入潛意識裡。根據作者哈利・卡本特（Harry W.Carpenter）在其經典著作《精進潛意識：砍掉你的隱形負思維，奪回命運自主權》提到意識由三歲才開始發展，到了二十歲才是發展完成，因此在早期的成長階段，意識並沒有過濾的能力；換句話說在嬰兒時期到我們成長的階段，我們所吸收到的資訊都在不知不覺中沒有被過濾之下，已經儲放在潛意識裡，當中其實有不同的資訊都是對我們身心產生損害，也有不少垃圾，帶來了許多不良後果。

　　而潛意識跟意識則是相反的運作，它不用邏輯思考，憑著感覺、直覺、創造力行事，然而潛意識也是情緒的寄居所，當中寄放愛、喜樂、慾望、憤怒、妒嫉、恐懼、悲傷等等的情感。潛意識的世界是不合乎邏輯的，例如夢境就是一個好的見證，在夢境內的場景、所發生的事情，很多時候都充滿著天馬行空，充滿創造性，不合乎現實世界的常理的。

人生的綁腳石

　　為什麼要了解意識與潛意識的分別呢？與你又有什麼關聯呢？

　　這當然是有非常大的關連性，否則不會在單元一與單元二不斷提及，當中隱藏了足以改變人生的祕密。從小到大，我們吸收了不同方面給予的思維、想法、情緒、知識，通通都儲存在潛意識的資料庫，形成了一套自動化內在的系統。其中有許多的想法、思維都沒有被挑選就已寄儲了，實際上它們都是阻礙我們在人生中獲得幸福快樂。

　　舉例來說，這一些人生的綁腳石包括：

　　‧你絕對是不行，你是沒有能力

　　‧人生艱苦，賺錢更辛苦

　　‧都是我笨才會被別人欺騙

　　‧人性很黑暗，需要加以提防

　　‧這件事情，憑我一人之力是無法完成的

　　‧我的出身不好，永遠都不會成功的

　　以上這一些的負面想法，在無意識的狀況下已經影響著我們。如果我們不斷重複性地向自己或是別人說出負面的語言、傳達負面思維，那麼潛意識會發揮它的其中一項特點，如你所說的照單全收，做出回應，顯示在你的生活各個層面。

　　很多人對於自己的工作有著不同的想法和埋怨，其中一樣是覺得老闆、主管並沒有欣賞到自身的能力，感到不被重視，

因此深深感到不公平。不過回想一下，平日在工作上是否有出現了一些機會能夠顯示出你的能力、能夠發揮你所長的挑戰，而你又是用什麼方式面對呢？面對到從沒接觸過的挑戰，人們心中比較容易產生自我懷疑，並且出現許多質疑自己的問題，繼而一些固定的限制思維就會在此時此刻出來，告訴你「你絕對是不行，你是沒有能力」。於是就這樣你相信了，把眼前能夠發揮，讓自己成長的機會白白斷送了。潛意識的內在系統很簡單，輸入什麼的程序（思維想法），它都會為你照辦，哪怕是負面、有害的也會被潛意識接受。

童年為我們塑造了信念

過去還沒有真正認識到內在原來有一種力量叫潛意識的時候，深受它的影響而使我深陷泥沼。小時候我就已經是一個充滿負面思維的人，總是被許多的情緒包圍，弄得多愁善感，別人稍微一個眼神、動作就會開始解讀其中意思，是否被討厭？是否說錯話？是否傷害了別人？所以經常活在胡思亂想中，基於這樣也不敢做出什麼事情，怕別人不喜歡，更會習慣性地跟自己說了很多帶來不良影響的話語。

在某一段的感情中，有一次跟伴侶為了生活小事而吵起來了，過程中我又習慣性地說出了口頭禪「你這樣真的很衰」。來解釋一下這句話的意思，當時我是想表達對方做出這件事情真的是很不應該。之後我的伴侶聽到就回了一句：「你為什麼

經常說什麼事情都加一個「衰」字上去，你知道這樣本來不壞的事情都會被你講到很倒楣。」

聽完的當下，心中除了不服氣之外，內心更是不相信這番話，怎麼可能呢？

可是信念就是一樣很神奇的事情，每一個信念都是有力量的，發出去之後，宇宙為你安排適當的課題，解答有關答案。世事真的萬萬想不到，經過一番歷練的旅程之後，才了解潛意識的運作與思維模式對我們的影響是非常深遠。

那時候我回溯起，為什麼會有這種不良的話語，到底是從哪裡來的呢？經過探索後，發現原來是源於自媽媽。許多時候媽媽講話的語氣都會加入一些罵人或是口頭禪在裡面，雖然我聽到的時候是覺得這些話很難聽，心裡更是不想把這個壞習慣學起來，可是它們就在不知不覺中進入潛意識，這就是剛才提到的不良垃圾資訊。

當我明瞭此事之後，開始多加注意跟自己說的話是什麼，跟別人說的話又是什麼？是否帶有負面的因素存在？所以我經常都跟身邊的人或是個案說，要改善自己，先審視平常是如何跟自己對話？假如你像我從前一樣，說的話都是加有一些損害自己，負面的語言，那麼可以在這裡找到答案，明白為何你的人生總是倒楣，總是遇到相同的事。勿輕視語言對其自身的危害，它們都是來源於潛意識。

我們的每一個念頭與想法都擁有巨大的力量，不要輕視每天所灌輸給予自己的話語及對自己所講的每句話，它們是一種

自我暗示，可創造出暗示的結果。

　　看到這裡，是否不禁回想一下自己每天對自己說的是什麼的話？是否發現自己，每當遇到事情時，總是不知覺地說出：「我很笨，我很沒用，那是不可能的，我怎麼會做到？」等等的話，或是想法總是不受控地從腦部裡跑出來呢？

難以置信的跨欄故事

　　如果你跟自己說出正面的話，抱著正面的信念，同樣也是對你造成深遠的影響。

　　小時候我並沒有發現到這件事情，是後來接觸了潛意識，與它好好溝通相處後，它讓我記起一段回憶。這段回憶是發生在中學的時代，有一天上運動課，老師突然要我們跳高，那時候的我很害怕，看著眼前那條跟我身高差不多的欄杆，心裡就立即跑出一個想法「那是不可能的，怎麼跳躍過去？」在自我懷疑的期間，老師已經叫我們一個接著一個排隊，開始準備，心中就越來越害怕。雖然是害怕但是要來的還是會來的，終於到我跳了，當時的我抱著極度害怕的心情，起步奔跑，在越來越靠近欄杆時，恐懼突然放大很多倍，同時那把「我做不到」的聲音也很大，於是到了欄杆的時候就直衝過去，結果就是沒跳過，欄杆只是被我衝倒而已。第一次結束後，很快又迎來第二次的起跳，那個時候雖然也是很害怕，可是我看到別的同學都能夠跳過欄杆，開始有了信心，心中更有了一種「可以嘗試

跳過」的想法，因此在這一次我在心裡跟自己說「你一定可以跳過這條欄杆的」，就這樣不斷重複跟自己說。終於又來到我了，那刻雖然還是緊張害怕，可是內心的信心在陪伴著我，於是我什麼都沒有多想，就這樣跑出去。跳躍越過欄杆的那瞬間很快，根本沒有什麼感覺，直到越過來，整個人躺厚厚的墊子上，我才清醒過來發現自己已經越過了，感到非常開心，**更是難以置信竟然真的可以做到。**

　　就以上的兩件事情是透過語言方式，讓潛意識接收指示後發揮其功效，這也是一種自我暗示。法國一位善用自我暗示的心理學家愛彌爾‧庫埃（Émile Coué）說「以有意識的自我暗示來掌握自己。」在我了解到這股厲害的力量之後，便多加檢視自己的思維模式與及經常跟自己說的話是什麼，戒除危害人生的話語。很多時候，事情並非如我們所看，所聽所聞的難於做到，而是被我們的思維想法嚇壞了。只要懂得給予信心，相信自己能突破眼前的困難，那麼潛意識一定會發揮它的無限潛能協助你。

1. 開始觀察一下，經常從你嘴巴說出口的話是什麼？是否一些髒話？是否罵人的話？如果是，就需要改變成正向的話語，避免再損毀你的人生；相信你也不會想要一個糟糕，事事倒楣的人生，對吧？

2. 在你的人生中，也許你經常覺得自己是「我做不到」，再詳細回想一下，會不會有一些事情，本來是你覺得是做不到，不過後來再嘗試做了之後，反而是成功的？如果有這個經驗，請你回想整個過程，當時的你是如何做到的？跟自己說了一些什麼？

第11章
別再被受害者搞垮人生

你是否抓住傷痛？

發現到一個現況，感到非常好奇，怎麼人們都喜歡把過去的傷痛緊緊抓住不放？

你有否想過到底是為了什麼呢？這當中難不免要提到是「受害者」的心態在作祟。那麼受害者的表現又會是如何呢？

回想過去所經歷的事件，當初是如何被傷害、欺騙、背叛、出賣、受傷、委屈，這一些都形成了傷痕，經常沉淪過去的情節。隨著過往的經歷日積月累，且沒有被化解的時候，心中便會產生對世界的不滿，對人與人之間產生不信任，覺得世界所有人都是虧欠了自己，以自己為中心，認為自己是一個可憐的人，很值得被同情。假如沒有得到別人的幫助，得不到想要的結果，就為該事情下了總結是「命運對我不公平」、「都是別人的錯，對我不好」、「我的命就只能是這樣」。

擔任「受害者」的人，剛開始會試著跟身邊的人聊著自己的過去、悲慘的經歷，希望從分享中獲得到別人的認同、同情和協助。在這裡要說，「分享」是一件好事，不過這類型的人會把美好的行為慢慢演變，到最後更成為了一位「負能量散發者」。也因為如此，身邊的人漸漸地開始對他們所分享的內容

感到負擔、壓力、負能量，因而卻步疏遠。

受害者的二度傷害

其實大部分的人都當過受害者的角色，或是現在不知情地抱著受害者的特徵，過往的我同樣也擔任了這角色。雖然不太常向身邊的人釋放負能量，但會掛在臉上表示比較多；通常把大量的心事、情緒感受都壓制在心裡，不把它們分享出去，而是緊緊抓住。當回憶偷襲時，每想一次就彷彿再提醒自己一次，「我怎麼那麼可憐」；有時候也會覺得是自己不好，才會遭受到不公平對待，內心陷入自責中。**而我卻不知道，已經掉入「受害者」的陷阱，在每一次重複回想中再次二度傷害自己。**

後來經過一段自我認知、探索、療癒的過程，才驚覺到自己擔任受害者多年；更發現心中那份期待被看見、能有人為這份痛苦、悲傷、委屈，向你示意出憐憫、感同身受、不捨與憐愛的心情。當我開始意識到此事就做出面對，接納與關懷當時內在受傷的狀態，再重新調整、為自己做出新的選擇。選擇勇敢面對所有「過去經驗」所帶來的影響，釋放當中寄存的負面情緒，選擇放過自己。老實說清醒之後，頓時明瞭到原來背負那麼多負面的垃圾是阻礙自己得到快樂與健康，不但沒有好處更會長期被它們侵蝕心靈，變得自憐自艾。

活出最耀眼的自己　72

受害者的好處讓人難以割捨

　　如果當一位受害者是傷害自己的行為，那麼爲何會有那麼多人仍然擔當呢？其實要擺脫受害者的心態、行爲是讓人變得辛苦的，所以才有那麼多人甘願持續留任擔當這角色。

　　試想一下，今天你是一位受害者的角色，卽使在生命中出現的一切，包括不公平的對待、被別人傷害，或是根本是自己不想努力、厭倦了，這一些全部都可以統統推卸到是別人的錯，是命運的不公平。之後就可以安心於沉醉在可憐的假象中，藉由此來渴求他人的協助、關愛、重視、同情，這樣的確比較起來是頗輕鬆的，起碼不用花太多努力與精力再做什麼事情，更不用體驗到挫敗、痛苦、沮喪。

　　相反如果今天你不當一位人生受害者了，想要當回自己生命的主導者的時候，哪怕生命遇到多麼不公平、不好的遭遇，你仍然需要想辦法盡力解決眼前的問題。可能，卽使再經歷痛苦，到處奔波，也未必能得到如期的結果。也因爲如此，兩者相比起來，當一位受害者確實讓人難以割捨，當中有那麼多好處、關愛，只依賴他人爲重心就可以了，這樣的假象看似活得比較輕鬆。

　　人生當中的確有一些情況並不是我們刻意造成，例如遭人欺騙、虐待、施暴、拋棄，或是使人受傷的事情，當中我們更是已經盡了最大的能力幫助和保護自己，但仍然是無法解決問題，所以才淪爲受害者角色，一直處於痛苦折磨，最後發展出

許多自我毀滅的行為，最為常見的是濫用藥物、酗酒、賭博、飲食失調等等。

看完後是不是也有心動持續想當一位人生的受害者呢？

給機會再選擇

在做出回答之前請稍等，先看完以下的分析才作定論也不遲。有一件事情你要知道的，現在的你是再有機會為自己做出選擇的。

正如圖2所顯示的左邊，受害者的人之所以經常逃不出命運的監押，經常留在同一層樓層，最大的原因是缺乏自我進步的能力。在經歷事情或是突發事件的時候，他們只會使用慣性的思維方式來限制自己，告訴自己是不行的，更不想花任何的努力、力氣幫助自己，畢竟這樣下去會花掉本身許多的心力，於是就採取放棄的態度。

因此這類型的人，往往把自己的主控權交給外界來主宰。伴隨時間久了，連帶自我進步空間的權利也失去了，就造成了卡關的情況。這就像在打電動一樣，遊戲需要從第一關開始，當順利把第一關的難關挑戰成功了，就能夠向第二關進級，接下來若是這一關挑戰又成功，就可以再升級到下一關。可惜的是，受害者的人永遠都困住在某一層的關卡，難以進升。有一些人就這樣無意識地被困了一輩子；但也有一些人在途中清醒了，再重新做出決定和選擇，並且願意當回自己人生的主導

者，那麼便能獲得新的能力，進級到下一關。

如圖2右邊所顯示，當一位人生的主導者，也許會遇上許多困難、痛苦、挫折、遭遇，可是他們明白到這一切都是爲了要協助自己提升能力，獲得不同的力量與武器。

每個關卡中隱藏著不同的機會，可以發掘到獨特的能力、智慧、力量、新資源，並加以使用、發展潛力就能順利升級。

經過自我提升後的你將會變得跟過往不一樣，拼湊出新的能力、勇敢、智慧、創造力、自信。只要在不同的關卡重複發揮、突破自己，便會形成正向的內在循環。

圖2

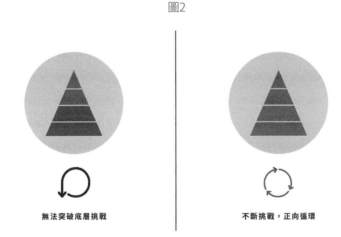

無法突破底層挑戰　　　　　　不斷挑戰，正向循環

現在的你又會想要爲自己做出一個什麼決定呢？一切都是取決於你。

不過我覺得在人生中，若是經歷暫時無法立即過關的難題，那麼暫且當一下受害者也是無妨的，當作是一個給自己休

息的機會。可是要懂得在什麼時候清醒過來，勿留戀太久而被當中的負面能量磨滅最美好、最光耀的自己。

從局限、綁手綁腳的受害者心態走出來

人會一直背負著「受害者」的角色，除了活得比較輕鬆之外，另外的原因是沒有找到一個人能夠完完全全明白自身所經歷的感受，當中獨自承受到的委屈、傷痛、憤憤不平、怨恨，都沒人可以完全地明白，也無法為此癒合傷口。

其實認真留意一下，怎麼會沒有這個人呢？此人一直都在看著你，陪著你經歷一切，你所受過的傷、委屈、難過都知道，而此人遠在天邊，近在眼前，只是你不曾正視這個人。

而這個人到底是誰呢？答案就是你自己。

過往的你忽略「自己」的存在，所以你總是依靠外界的人和事物為你療傷；如今你發現原來有一個這麼支持、願意陪伴自己的人。請開始珍惜，與內在的自己對話，進行療癒和修復，坦蕩蕩地面對真實的自己。當你做到這樣，就已經是真正把自己從「受害」的心態中釋放出來，到時候更不用再依靠受害者的心態、所得到的好處來綁架、禁錮自己了。**痛苦夠了，是時候停止了，別再讓受害者搞垮你的人生。**

心靈探索空間

1. 沒有人跟你一樣能夠清楚了解、知道你哪裡受傷了，承受了多少的情緒、受了多少的委屈，如今是時候把它們拿出來觀看，當中是否有擔任著受害者的角色？想要更加了解、關愛自己是要誠心對待自己，明瞭如今抱有什麼心態，方可從中做出調整和改變。

2. **每個人都擁有改變的機會，在於你的選擇和意願。**

3. 如果感到累了而選擇停止成長，不再擴張、充實自己，愛的供應也會跟著一起停止。

第12章
裝滿內在那杯水

我們常聽說有些人進入一段關係就開始迷失自己，陷入一種惡性循環，無限向對方索取愛，企圖滿足內心極度缺乏愛的儲備。其實這種情況不止在愛情裡可見到，親情和人際關係中也可看到。這種人總是照顧他人、配合他人、付出全部的愛，可是通常換來的就是抱怨、被忽視、他人不接受、感到束縛；而這都讓當事人更加傷心難過、心痛。如果想在這惡性痛苦中釋放自己，就要重新照顧自己的心及認識愛的付出類型。

談論到愛的話，就會很輕易看到兩種類型的人。

第一種人偏向付出型，總是忽視自己的需求、喜歡把自己所有的好回饋到對方身上，貢獻自己的時間付出所有精力，極少表達內心的想法和情緒。總是把別人當首位，把自己放在最後的位置；對於別人的要求，即使超出自身能力範圍，仍會滿足對方渴望，只要對方高興就會犧牲自己的意願。

付出型的愛

付出型的人總認爲自己爲了對方付出滿滿的愛，是一位好人、很偉大。表面上總說不需要對方施以任何回報，但其實心中是期待回報的，只是不想承認內心想法，也不敢正視那個眞

活出最耀眼的自己　78

正的自己，因為傳統下來我們都被告知施恩莫望報。可是，當你深入發掘內心，便會看見原來表面不邀功，不求回報，不惹人討厭，當個好人，這一些行為背後的深層，是內心極度缺乏愛與認同。由於恐懼所產生的影響，造成付出型的人害怕講錯話而得罪人，害怕被討厭、害怕不被愛、害怕失去獲取肯定的機會，心中更是厭棄自己和拒絕與外界交流；實際上是很渴望獲得到別人的愛與讚美。

你所付出的愛是有刺的

還有一種情況是這類型人的付出，對於他人來說是有刺的。這種情況會在親情、愛情比較常見，例如父母總是用自己認為是愛的方式給予孩子，伴侶會以表面自由卻在暗中操控的方式來表達愛。其實兩方的出發點都是好的，都是想自己愛的人開心快樂的，不過往往到最後都惡化成讓人受傷害、厭恨的局面。許多時候我們都是以自己的觀點、視野來愛對方，而對方未必是需要這種愛的方式，反而在愛的過程中，被不合適的愛刺傷了或是承受過度的壓力，造成了反效果。並非所有人都能夠接受超出負荷的愛。

依賴型的愛

而另外一種人則是極度依賴型，拼命向外尋求別人的愛，

儘管他人已給予超出負荷的愛，仍是感到不滿足，以致沒有精力愛別人與自己。這類型的人把依賴當成愛，彷如一個飢渴的人，只會向別人要求水喝，自己卻一點辦法都沒有，更不要說可以自給自足。如果持久下去，對方感到力不從心了、疲倦，然而不願意再配合了；這類型的人有機會以自殺、傷害自己為要脅，又或是產生報復心態，來逼迫對方持續留下來。說到這裡會不會感到很奇怪，為什麼有人對愛會那麼渴求？通常都是在童年時代沒有得到足夠的關注與呵護，缺乏父母的愛，因而內在產生巨大的空隙。倘若在成長過程中，只要接觸到愛，就變成一個飢餓多年的人，像著魔一樣，無法自拔，吸取別人的愛為生。

嚴重缺水的狀態

我經常在社交平台舉一個例子來形容內在嚴重匱乏的人。我們每一個人的內心世界都有一個杯子（圖3），盛裝滿滿的水，它猶如心臟一樣的重要，擁有自動化供應水源的功能。當這杯水是盛滿的狀態，便會產生正向能量，使人身心愉快，甚至有充滿電力般的行動力，被愛與幸福厚厚包圍著。相反當這杯水是匱乏的狀況下，失去自我供應的功能，能量也會隨之而下降，於是人們就開始向外界尋找各式各樣精神食品、物質來填補心中的無底洞，好讓內心的匱乏可以消失。不過往往越是設法填滿，越是無法滿足，反而因此帶來挫敗感、寂寞感、自

我否定、痛苦掙扎，同時離心靈世界的軌道也越來越遠。

圖3

匱乏　　　　　　　　**裝滿**

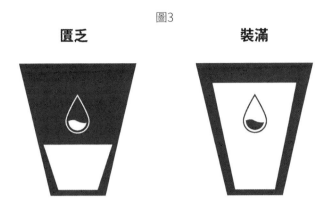

這杯水要如何維持裝滿的狀態呢？

　　要做到其實很簡易但又可以說並不是那麼多人能夠實踐，原因是大多數人把專注力花在照顧家庭、拼事業、追求生活品質、財富，而低估了內在能源的重要性，更不重視自己的身心靈健康。通常以這樣的方式下去，不但內在出現嚴重乾旱、匱乏，更會掉入「負資產」的情況。這時候內在根本找不到可以充飽電源的資源，所以又往外尋求，形成不斷匱乏、未被滿足的循環，逐漸掩蓋心中的光芒，繼而失去活力。唯獨內心的水杯是豐裕，能夠為自己供應源源不斷的水源，才會學習到如何愛自己，與及領悟到如何接受別人愛的同時，不會失去自我。而要把內在的那杯水裝滿，形成良性的自動化循環，就在第3個單元中，學會照顧自己開始，一個人懂得為自己創造幸福快樂，你覺得還需要擔心沒人能給予愛嗎？

曾經在網路上看過一段小視頻，內容說一位中年男子經常尋找不同對象，也談過幾段感情，但始終未能到最後，感覺到內心的無底空洞、空虛感。這名中年男子說著說著就哭起來了，發現這無限的空虛背後來自於自己一直以來都往外尋找別人的愛，自己不懂如何愛自己，想透過別人的愛來填補心中所缺乏的需求。看完這段小視頻後，非常明白這位中年男子哭泣的心情，那種過去不懂得好好愛自己的心情，當有意識到的時刻，確實是很心疼的。心疼過往的自己，心疼那個為了得到愛而卑躬屈膝、毫無底線地任人踐踏的自己。我之所以能理解是因為曾經也有此番領悟，雖然意識到這部分的時候，心情是會難受的，更有可能會經歷一段怪責自己的時期，為何從前沒有好好地照顧好自己呢？不過有這番領悟也是一個良好的開始，意味著你已經開始關注自己了，知道自己過去的感情問題在哪裡了，接下來只需要回到自己身上，從覺察、照顧自己的心下起功夫，讓內在乾旱以久的杯子，透過你的愛和溫暖，注入新的能源，重新啟動和連結。

自己一個人可以得到幸福嗎？

　　幸福是可以從自己身上尋找到的，只是我們都被誤導了，誤認為幸福一定要與他人相關的。那是因為我們都被限制了，無論是日常生活、愛情、結婚、組織家庭、都暗示著需要兩個人或以上，甚至依賴得到物質條件，我們才能夠遇見幸福。

實際上幸福並沒有想像中的複雜，是我們的心被染色了而變得複雜。接下來的文章就會提供一些方法，使你懂得照顧自己、為自己創造幸福的祕訣。

心靈探索空間

1. 你內在的那杯水，到底乾旱了多久呢？有打算什麼時候為它注入新的能源呢？

2. 無論過去的你是如何愛別人，或是如何不愛自己也好，都是一種自我認識的經歷，正因為這一些經歷才可使你體驗到愛人與被愛的滋味，讓你逐漸走向成熟。

單元3.
如何照顧自己

第13章
停下來也是一種照顧

現今時代生活變得越來越忙碌，除了需要處理工作上的業務，還要照顧家庭、滿足身邊人的各種需求，不知不覺中大家都忽略了照顧自己的重要性，其實嚴格來說是不知道怎樣才是照顧自己。因為總是不自禁地把別人排在首位，自己卻永遠排在最後的位置。

通常耗盡自己的人都有一些選擇困難題，比如說在繁忙生活節奏中，儘管一天有二十四小時都是不夠用的，因此時間就顯得非常珍貴。心裡很想把握時間處理更多事情，照顧更多的人，可是在這種「時間短缺」的狀態下，要該怎麼選擇呢？面臨在同一段時間內處理各式各樣的家庭事務、工作事、生活瑣碎事，在這個時刻，又是面對人生選擇題的時候，可能需要選擇放棄一些事情，才能滿足外界的期盼和要求。為了滿足他人為優先，首先會犧牲自己的時間和空間，放棄平常很愛看的電視，放棄熱衷的興趣，放棄運動，放棄與自己相處的機會，就是為了把時間讓給身邊的家人、愛人、朋友、工作、同事。

心靈監獄受困的原因

也許你可能不知道，經常為了別人或者身邊發生的事情，

而選擇放棄自己所愛的事。然而在放棄所愛的日子裡，有沒有發現到自己越來越沒有動力、疲倦感越來越重？有沒有感覺到自己慢慢活得像個機器人，不斷在填滿外界的期望、責任、滿足別人的評價。由此便可明瞭，**這種「放棄自己所愛」的行為是把自己推到心靈監獄受困的原由之一。**當身體與心靈沒有一個適當的空間和騰出時間來獲得充分的休息，長期累積下來，便產生非常嚴重的後果，例如缺乏動力，對生活失去重心，慢性疲勞，慢性疾病，抑鬱症等等不良狀態出現，從而影響生活品質，健康質素也下降。這樣說並不是要你不要花時間陪伴身邊所愛的人，而是要明白到無論有多愛別人也好，我們都有必要認真對待、看待自己。如同你愛別人一樣，心裡要騰出重要的位置給自己，否則只會一直掏空內在的力量，直到內在水杯缺水乾涸為止。倘若一味付出貢獻別人，就會忽略了自己也是需要被填滿的人。既然自己都無法填滿、補充能量，何來注入能量呢？當能量不足，怎麼會把外界的人照顧好，得到快樂呢？

留意心靈警號響起

如果有一天發現到身體狀況變差了，情緒波動越來越反覆，經常被負面念頭牽制，終日鬱鬱不歡，那麼要提高對自身的身心覺察，這一些都是身體與潛意識傳送的訊號，請必須認真地看待這些訊號，勿用生活忙碌為藉口而忽視「照顧自

己」，倘若心靈警號已響起來了，意味著心靈世界幾乎一片混亂，已經失衡了。

從小生活在繁忙的大城市裡的我，只知道要努力工作，為未來打算，為生活而努力賺錢，不會允許自己停下來，也不會有任何時間和空間進行反思，這樣的生活模式會帶來潛在的危機，影響身心健康。直到那段陷入人生低潮（在單元5會提到），嚴重一蹶不振，消極鬱悶的日子，彷如被它打醒了，簡直為我的人生徹頭徹尾賞了幾巴掌，告訴我是時候要關注心靈健康，照料已受傷的心，不要失去了最珍貴的健康，才來後悔當初，是時候要學會愛自己。

停下來也是一種照顧

在人生低谷的時期，痛苦逼使我打破固有想法，**發現原來跌倒是可以的，不要急於起來也是可以的。**從小就接觸到父母對待工作的模式並受感染，而他們的方式是不允許自己有太多時間停下來。畢竟要養家所以哪怕心裡再波濤洶湧，混亂一片，遇到情緒來訪時也只好壓抑、忍耐，又或者通過發脾氣的方式來發洩情緒。年幼的我們，心智還沒成熟，不會過濾什麼訊息是帶有負面影響，什麼是帶來正面影響。潛意識就已經把父母的模式儲存起來，並且在無意識中，默默運作，除非有天洞察到，否則仍運作著父母的模式，當中包括行為舉止、言語、宣洩情緒的方式。

由此看來，若不是心靈疲倦而累倒了，再也不能置之不理，我也不會發現到這麼重要的訊息，人是需要空間讓心靜下來的，需要時間好好陪伴疲倦的心靈。當問題來臨時，要懂得適當地體諒自己的感受、表達出內心各種不滿、委屈、憤怒、計較、傷心等等的負面情緒，接受當下的脆弱無力，放下掌控一切的心，讓心可以透過這段時間，來一場真正的休息，不加以掌控。

如何爲身心注入能量？

　　不要終日忙不過來地照顧別人，一直忙於處理大大小小的瑣碎事情，理應抽出獨處時光，讓心靈放假，釋放身心囤積的壓力，享受靜心的空間，讓自己擁有一個獨立思考的機會。在面對情緒的地方，舒緩平日所產生的負面情緒，**適當的身心空間是非常重要的。**這個空間可以是很簡單的親近大自然，既可以是家裡附近的公園，也可以是爲自己安排一次郊遊，或是做著自己喜歡的興趣，都能爲身心製造出快樂、愉悅的高頻能量。

1. 為自己製造一個小假期，進行能為你產生高效，放鬆，心靈靜心的活動。舉例來說，抽出一天或二天的時間，不接觸外界，獨自享受一個人的時光。在過程中，回歸到你喜歡的興趣，發掘平日沒機會研究的新事物，讓自己享有完全放鬆的時刻，只專注於當下的時光，投入當下的事，當下的風景，當下的空間，體驗一切所迎來的感受，**靜心放鬆是從心放開的那一刻。**

2. **停下來並不是放棄人生，而是了解自己的機會來臨了。**

第14章
重新點燃心中的火苗

有時候走在路上，觀察一下路人，很常看見以下情況：

· 臉上總是心事重重，顯露正在煩惱、憂慮著某件事情
· 正在急匆匆地走路，好像要趕往下個目的地工作
· 面無人色、呆若木雞，身上散發出陣陣對生活的乾燥乏味

你是否對此感到很熟悉呢？也許現在的你也是如此。在這一些人的心裡，好難擠出快樂、更不用說面帶笑容，有否想過為何會這樣？當中除了包含長年累月囤積的負面情緒外，另外的因素就是對生活失去了熱情。

發掘興趣，融入美好

我最常收到個案或是觀眾的問題是，如何尋找出自己愛的事情？答案就是出發尋找你的興趣，不要限制自己，放任自己嘗試，哪怕你對某事件只有百分之三十的興趣，都要踏出去；正是因為這一步，足以讓生命迎來翻轉的變化。也許小時候因為家境貧窮、資源缺乏而使你錯失培養興趣的機會，可是如今長大了，已經截然不同，你可以有權利、自由，去做自己有興趣的事情，享受其中的樂趣，發掘不一樣的自己。現在這個物

質豐盛、網絡發達的年代，基本上你想要學習什麼興趣、增強自己某方面的能力都可以在網路上尋找到，或是在居住的城市裡，充滿許多學院、社區中心、工作坊等等的資源都可以協助提升個人的技能和培養興趣。雖然這一些都知道，不過我們好像難以說服自己踏出舒服地帶，嘗試新的事物，因此寧願把精力與心思花在其他地方。

我很想但是沒時間

可能你會說並不是不想抽空培養興趣，而是長大後要處理的事務較多，又要照顧家庭、小孩，每天都有忙不完的工作，根本沒有時間可以好好休息，更何況培養興趣？相信這也是許多人內心的問題，如果是這樣，那你沒有選擇錯，你看對了這本書了，此書就是要告訴你如何開始好好照顧自己，重拾幸福快樂。試想一下，每一個人所擁有的時間都是24小時，很公平的，只是差異在於你的時間如何使用？有一些人的確是非常忙碌的，可能真的沒有辦法在一整天裡抽出時間給自己。如果是這樣那也沒關係，但在每周若是連抽出二至四個小時給自己都沒有，**那麼真的要檢視內在那杯水是否已經透支呢？**

現代人生活壓力高，每天過著庸庸碌碌的生活，早已遺忘了好好善待自己，更忘了生活的觸覺、感受。在很早之前，我也是這一群人裡的其中一位，根本不知道什麼是生活的熱情，更沒有聽過，只有勉強聽說過夢想的熱情。後來有一件事情讓

我初次體會到什麼是「生活的熱情」，也明白到它是增添生命色彩的顏料。

懼高者與高空跳傘

這件事情發生在一次重大的失戀（往後的章節會提及），由於在這段感情裡受到背叛，對當時的我來說打擊重大，終日悶悶不樂、心情極度沮喪，腦袋經常出現許多自我批判的話，以致情緒反覆陷入悲傷難過之中。每天什麼事情都不想做，對一切事顯然不在乎、失去感覺，這樣的狀態所帶來的痛苦實在無法招架。情況維持了大概三個星期左右，突然有一天，在街上看到一個高空跳傘的旅遊宣傳，不知當時是哪來的想法告訴我，要去報名參加高空跳傘。接收到這個想法的時候，我完全是非常驚訝。因為從前身邊的朋友邀請一齊參與高空跳傘，我都一律拒絕，而拒絕原因是懼高，還跟他們說我這一輩子應該是不太可能會做這件事情的。結果我就跑出這個想法，想必當時的我是瘋了吧。（一切的發生都是有原因的）（這是有潛在高風險的活動，先經過自己的風險評估才作決定）

陪伴你，一起瘋吧

生命中不要把任何事情說死了，因它是充滿可能性的。

雖說這個想法使我驚訝，但我能夠感受到那一刻，心裡暗

處流著一股勇氣、動力；同時那時候我不喜歡當時的自己，很想當回一個勇敢的我所以就有了嘗試的想法。其實也有某部分的想法是，卽使在跳傘出了什麼意外沒命了，也無所謂（從前內在的支柱太脆弱，不在乎過自己的生命）。就這樣形成了多股勇氣，於是我就立卽上網查看最近地點和最快跳傘的日子是什麼時候，接著就報名了。結果很幸運地，在幾天過後就有跳傘的旅行團，所以決定陪自己瘋一瘋。

現在說起來，覺得當時的我眞是一個勇敢的女孩，竟然自己一人坐一個多小時的旅遊巴士到達美麗的地方──拜倫灣（Byron Bay）（當時我人在澳洲），然後還要做自己原本不敢嘗試、又恐懼的事情，且心情仍然會反覆沮喪，因此這一切眞的是勇氣可加。有關這段旅程的過程，已經在我的Youtube頻道分享，就不多說，有興趣可到頻道觀看。

但是我想分享其中一段在跳傘時的小故事。那時候當我在高空離地面約15,000英尺的高處，準備要跳下時，心裡的害怕與恐懼變得十分強烈，但當時的情況也來不及害怕太久了，因教練已經準備與我一齊跳傘了。印象非常深刻的畫面是從高空中跳下來，到停在空中的中段，距離是比較接近地面，也能看到壯麗的海岸線、天氣也非常好、風景很美、空氣清爽，瞬間被此情景打開了封閉的心。隨後教練還教我如何控制傘的擺動，就在這短短十分鐘裡，我的心好像從死亡中恢復起來，因那段失戀期感受到心彷彿死了一樣。不過就在半空中的那瞬間，心又有回了感覺，能感知當下的愉快；我覺得自己好像一

隻小鳥在天空中揮動著自己的翅膀飛翔，感受到自由自在的氣息，海闊天空，彷如一切的問題都不再是問題了。

初次體會生活熱情

這段故事帶給我的觸動，如今仍然是一份美好的禮物，為當時的我點燃了對事物的興趣，對事物的感知深度和點燃探索之心。因為過去的十幾年都是在負面情緒的漩渦渡過，欠缺對生活的探索、對事物毫無好奇心，更是感到活著像死人一樣，盲目地生活。透過是次的經驗，讓我獨自探究，初次體驗到生活原來可以有一種燃料叫熱情，當中是包含著對生活的感知、體驗、尊重、好奇、探索。除此之外，它有一種非常神奇的功效，能為站在黑暗世界的你，帶來動力、希望、激流般的興奮，再次重新點燃心中的火苗。

在這件事情過了之後，突然想起了小時候的一個念頭。記得有一次看著天空，有許多小鳥在飛，感覺牠們很自由，於是有了一個想法「很想要嘗試一下高空飛翔是什麼感受。」，世事就是使人意想不到的，這一個念頭醞釀了二十年之後，竟然成真了！其實我早已把這想法忘記了，是直到實現後才想起來。

每一個念頭，每一個起心動念都是擁有力量的，
總有一天會實現，只要放任生命，順應軌跡就可以。

心靈探索空間

1. 如今的你，是否在庸庸碌碌的生活中遺忘了好好善待自己呢？你對生活擁有探索之心嗎？還是已經變得乾燥乏味？你想之後的生命都是只有單調色彩？還是想擁有繽紛色彩呢？

2. 有什麼興趣、事情或是活動是你想嘗試但又沒有做的？如果有的話，盡快抽出時間好好讓自己投入其中，一定可以在當中有不一樣的體驗。

活出最耀眼的自己　96

第15章
成為最可靠的陪伴者

其實在這個世界上，真的有太多人不懂得如何與自己相處，更不明白為什麼需要跟自己相處，於是就遲遲沒有開始與內在溝通。如果一直沒有踏出這一步，當寂寞這位敵人來訪時，心情更是翻天覆地，受盡狂風暴雨摧殘。

學會與寂寞打交道

人生除了痛苦之後，還有一位讓人不知所措的朋友，它的名字叫寂寞。

年齡越大，所經歷的事情就越多，所背負的包袱也變多；想必你一定有過這樣的經驗，自己一個人在呼天不應，找不到聲援，沒有人理會的情況下，自己一個人獨自把所有事情都承載於身上，種種感受只能積蓄於心，找不到那個完全懂你痛點的人。

年輕的時候，當寂寞來訪時便會找身邊的人陪伴，解除內心的寂寞感，隨著年齡的增長，發現到難以隨時隨地，找到一個人永遠在你需要的時候陪伴著你，於是漸漸明白到原來面對與學習如何跟寂寞打交道是一件在人生清單中需要面對的一件事。

每一天我們都有自己需要處理的清單事項，那麼你又有想過你的人生清單有什麼嗎？

有什麼是要列入進你的清單事宜呢？

寂寞來訪

如果要你列出一份有關情緒的清單，並在這清單中列出曾經或現在遇到的情緒有那一些？想必寂寞和孤單一定是其中的項目。

只要人們從繁忙的生活中靜下來或者停下來，寂寞便會從心慢慢爬出來與你打招呼，此時人們通常會有兩個反應：

第一個是拒絕面對當下這種突如其來的感覺，既說不出那是什麼感覺，只感受到讓人太難受，所以就立刻找事情做，找人陪伴，借此來消除當下的空虛和寂寞來訪。

第二個反應是意識到這感覺叫寂寞，意識到它帶來的難過、寂靜，心中帶有一種難以用言語所表達的感受，也不知道如何消除它，只好默默地與它和平相處。

過去你面對寂寞孤單來訪時，你採取的反應又是那一種呢？

在生活裡我們都顯得不能輕易停下來，原因是當你停下來就會產生不同的想法，壓制的情緒也跑出來；若是平常習慣性疏離自己情感的人，更是難以招架許多複雜情緒的波動。像一些退休人士在退休後，由於不用工作，缺乏生活寄託，變得欠

缺生活重心。過去被極度壓抑的情緒，就在這時機出現；所以許多老年人在晚年時變得多愁善感也是這樣，因過去太多事情在年輕時還沒來得及認真清理和釋放，一直囤積在潛意識裡。

培養獨處文化的收穫

為了要打破寂寞突襲，和平與它相處，因此擁有個人的獨處時間就顯得非常重要。

曾經在不同的場合，我都分享過自己的獨處方式，更加希望透過分享的內容，可讓大家明瞭到每個人都應該要盡早培養獨處的能力，然而在分享的過程中，發現原來並不是每一個人都懂得如何與自己相處。許多人錯誤以為與自己相處，是一件很無聊的事，不知道與自己相處可以有什麼事情做，也不願意花出寶貴的時間陪伴自己；又或許內心更深處是害怕連結內在的情感。畢竟，平常生活忙碌，怎麼可以抽出整天的時間陪伴自己？連處理身邊的雜事都來不及了，難得休息、有時間，想騰出時間來陪伴家人、朋友，去旅遊、吃喝玩樂等等，那來有多餘時間花在自己身上呢？

更何況，與自己相處又不是什麼緊急事情，所以就把可以與自己獨處的機會都先讓給他人。有這些想法是源於，還不了解獨處所帶來深遠的優良生活品質，既能創造出個人幸福，又能豐富心靈，在下一則章節將會提及當中的好處是什麼。

成爲最可靠的陪伴者

　　在海外生活的那一些年，除了訓練出更獨立的能力、應對隨時變化的事情以外，更多的是體驗到人在海外的孤單、寂寞，特別是冷風吹來，陣陣寒暄刺進心，這滋味也不好受。由於遇到真正能交心的朋友也不多，有時候很想找個人來分享心事，卻發現沒有一個人能夠參與、聆聽，這種感受就彷彿連結到地球之外的孤寂、星球之間的寂寞與無盡。後來漸漸在寂寞中，明瞭到在人生裡沒有人能夠每時每刻都陪伴著你，因身邊的人各有各的忙碌，他們甚至連照顧自己的身體與心靈健康都來不及了，更何況是要當一個全天候的陪伴者呢？

　　雖然無法永遠有一位能隨傳隨到的人，不過不用灰心、失望，我爲你推薦一位最好的陪伴者，能夠在二十四小時全天候陪伴你，一年四季，每分每秒都在，只要你是活著，這個人都會在，因爲這個人就是你自己。現在我也成爲了自己最好的陪伴者、療癒者、最好的朋友，除了知道自己的需要，並懂得悉心照顧自己的身心健康。

　　既然寂寞孤單是難以避免，那麼我們就迎面面對它。也許剛接觸時會自我懷疑、害怕和擔心自己能否擔任好陪伴者的角色，對此欠缺信心、缺乏安全感，這都是正常感受。其實當你學習一樣新事物、新技能的時候，剛開始接觸會感到有點難度，可是只要持續維持下去，就會變成潛意識裡的習慣模式，到時候就不是難事，反而是一件輕而易舉的事。回想一下小時

候剛學刷牙的時候，再回看如今每天你都能夠輕易做到這件事情，所以學習其他新事物也是這樣而已。因此不用擔心，你將會是自己最好的陪伴者。

心靈探索空間

1. 靜心下來的時候，列出你的情緒清單並檢視，有那一些情緒是你經常感受到？有那一些是你一直在逃避呢？把它們一一寫在紙上。當完成清單的排列之後，若是發現曾經有逃避的情緒，現在你願意面對它們嗎？
2. 當我們願意克服、面對寂寞、擺脫依賴他人，擔任自己的陪伴者，便可成為自己最強的後盾，互相陪伴彼此。
3. **幸福是可以自己給自己的，無需依賴他人施予。**

第16章
6種獨處文化的好處

近幾年來，大家開始有意識地關注身心靈健康方面的資訊，也會花些時間在這方面作認識和了解，表明大家對內在健康的關注程度提升，是件值得高興的事情。

如果要改善心靈健康，有一個既簡單又有效，既不用刻意努力也可以保養心靈健康的方法。這個那麼有效能的方法就是為自己創造出獨處的時光，當中有助提升身心覺察力，覺知情緒存在，舒緩心理壓力，更可以建立個人快樂與自我肯定。倘若你想活出幸福的自己，獨處就是占據非常重要的環節。以上也是獨處文化的優點，由於我在獨處的過程中，發掘到一套與自己相處舒適的方式，也覺察到與自己相處原來也是一種文化。當中使用全面性的角度來觀察、照顧、陪伴、探索與及愛自己。

獨處文化

在這裡我先解說一下什麼是「獨處文化」？它是藉由獨處的時間（Me Time）與空間，與內在自我作連結、覺察，從而更加深入認識不一樣的自己。我們平常所認知的自己是缺乏完整面向，已經由外界加工而塑造出來的，通過獨處的時光，

可以體會和觀察身心、情緒的反應，目擊內在的變化過程，從而尋找出適合與自己相處的模式。說到這請不要驚訝，其實真的是有太多人都不會與自己相處的，所以才會在痛苦的模式裡受盡折磨和翻滾。

著名家族治療師維琴妮亞‧薩提爾（Virginia Satir）在薩提爾模式的治療焦點中提及：「當一個人活在自我層次、就會做出趨向自由的選擇。其選擇會是朝往健康、快樂、平和與愛的方向，並感受到被增權賦能，而做出明智抉擇。」

我們的身、心、靈本為一體，三者之間的緊密聯繫是超乎我們所想像的程度。當我們滋養了身體，同時也滋養了我們的心靈、情感、靈性，如此彼此相連，互相扶持，將會生生不息地往正向循環流動。所以一個人能活得自在、自由，便能綻放出真實的自己，健康快樂自然跟隨左右。

培養獨處文化，享受內在收穫

隨著時代不斷的演變，經常發生不同的變動，大多數時候我們都來不及覺察、照顧自己的情緒，就要被迫迅速地改變自己，被迫調整自己來迎合生活變化。

當身處在團體與人群中，不得不為身邊的事情，人物而委屈自身的情感，也不能像小孩般隨意宣洩當下情緒，更不可以輕易表達自己的想法。在這種過度壓抑的情況下，心情除了被別人看輕之外，連自己也變得不重視自身的感受，自我價值更

被貶低。

如果你也想重新聯繫內在、修復心靈世界、回到心靈靜土，那麼「獨處文化」很適合你，同時也適合每一個人。

以下我會分享六種在獨處時所得到的好處，同時也告訴你**獨處如何為心靈充電？**

1.充當自己的充電寶

當你發現手機快要沒電的時候，會懂得把手機拿去充電，讓它保持充滿電源的狀態。那麼有沒有想過我們的心靈也是需要充電？有發現心裡隱藏了不舒適的感覺嗎？

可能你有發現只是不懂得表達那是什麼感覺，什麼情緒，不過可以確定的是，你有感受到內在狀態越來越疲累。原因是內在失衡已危在旦夕，心靈早就超出負荷量。

這時候你就是第一個可以協助自己、為自己站起來的人；只要騰出時間，為心靈來一場充電之旅，不但促進身心健康，既可以讓自己變得快樂、有趣。當你充滿電後，能明確感受到身心廣闊、豁然開朗，內在的杯水更是充滿正向能量，熱騰騰地流動起來。然而獨處就是這段充電旅程之中，最好的充電寶。

2.培養關注自己的習慣

許多人都掩蔽一個問題，而這問題的確讓人憂心的，就是不懂得關注自己。從小的教育系統中並沒有教導我們要如何

照顧自己，如何管理自己的情緒。由於從小到大欠缺這方面的概念，導致疏忽照顧自己，抽離情緒，不去感受，嚴重的更影響到身體的健康。透過獨處可以有效培養關注自己的習慣，把拋向外界過多的專注力，拿回到自己身上，再使用它們令自己快樂、舒適和滿足。在與自己相處的過程中，專心照顧的對象也只有自己，因此便能了解身體、情感的需求，且正視自身問題，接著就在其中調劑出坦然與自己相處的奧妙。

3.當回天真爛漫的小孩

每個人內在都住了一位內在小孩，而這位小孩子一直隨你出生到現在，一直默默陪伴著你；只是當成人角色的我們忽略了這個小孩的存在。（在單元4會再說明）

舉一個例子，知道為什麼有些人明明外表是大人的樣貌卻有時會做出彷如小孩般的行為？而這一面通常與親密伴侶相處時會較常出現。我們從小到大被迫灌輸一個觀念，長大成人就需要有成人的模樣，做事情前需要深思熟慮，照顧別人感受，洞悉人心。為了完成外界的標準規範，因此我們就把純真的一面壓抑隱藏，同時也為了保護自己免受傷害。由於過於壓抑內在小孩，逐漸與他失去聯繫，就變得偏重理性思考，甚至對生活缺乏了熱情、喪失創造力。

還記得小時候的你，對世界充滿好奇心，擁有熱情，心懷著夢想，天真的笑容；後來隨著成長，這一些面向就消失了。如果在長大之後，想要聯繫它們，可以善用獨處的時間；幫助

你重新連接內在那位小孩並一齊共處，互相關懷彼此，給予溫暖。因此與內在小孩相處的時候，讓他快樂，讓他從壓抑中釋放出來，做回一個單純、純粹無條件的自己。在獨處的時候你是很安全的，不需要戴上各種角色的面具，不需要思考有沒有人會傷害你，更不需要害怕有人批評你的行為，所以可以放心、盡情地當回心中那個純真小孩。這過程中，一顆封閉的心就會敞開，同時重燃快樂，釋放好奇心，這樣就會發掘到更多生活的熱情。

4.提升自己專注力

由於生活中需要大量與人相處和溝通，忙得不可開交，每天擁有處理不完的事情，總是打擾生活節奏，難以專心做一件事情。因此我通常在獨處的時候會把所有手機網絡都關掉，騰出來的那段時間就是屬於我與自己的。這樣就能夠專心專一對待自己，關注自己需求，感受當下的一切。除外也可以提高自己的專注能力，例如允許自己享受當下，專注當下的喜悅，專心在當下所進行的事情；日子長久累積下來，我明顯地發現到對自己的洞察比從前敏銳許多。

5.更深層認識自己

人類是需要群體活動的，往往害怕獨自一人的時候所產生的寂寞，孤單感，因此認為自己一定要有人陪伴在身邊才不會感受到孤單，不過這是真的嗎？

活出最耀眼的自己　106

有否嘗試過一種經驗是，當你跟一個不能產生共鳴的伴侶在一齊的時候，你的感受，你的情緒都是對方不能理解，此時有覺察到內心的感受是如何呢？

　　相信那時候，你的內心同樣會感到寂寞、孤單，而這份孤單寂寞的感覺並不會消失，隨之越來越深；因為這寂寞、孤單的空虛洞源於沒人懂你、沒人理解你的感受。

　　想要找一個懂你的人之前，首先要問自己一個問題，請問你懂自己嗎？了解自己嗎？這種了解與認識並不是淺層的了解，而是深入的了解自己整個人，了解自己的情緒來源，了解自己的想法從何而來，了解自己想要什麼，這一些都是很深層的自我認識。通過優良的獨處品質，更加能明瞭自己目前的內在處境，有意識地懂得尊重、欣賞、接納自己、更重要的是學會愛自己。

6.獨立思考與療癒

　　若你是一個平常很愛與人交流、外向個性，總是與人為伴的人，對你來說「獨處文化」是一種折磨，相反對於一些內向性格的人則視為一種享受，不用跟太多人交流。不管你是那一類型的人，在現今的世界裡獨處是一種照顧自己的能力，當中有助訓練獨立思考，增進個人判斷力，不必經常受身邊的人事物而影響情緒。「獨處」就猶如身處在黑暗的世界裡，獨自一人探索後所尋找到的那道光明。其實這道光本身源自於你的內在世界，一直等待你發現；如今獨處令你找到了這份內在力

量，請善用它來療癒自己，踏上幸福的人生道路。

你可能會想，這麼簡單就可以得到快樂嗎？

是的，就是這麼簡單就可以得到快樂。在獨處的時間裡，可以坦誠、無須戴任何面具、討好他人，放心地做回自己，這件事本身就是一件快樂的事。更可通過靜心，連結內在深入的感受，體驗快樂並非那麼難；此外還能感覺到內在平靜，然而這是一份無價的寶物。其實快樂並不難，只是我們把快樂想得比較複雜，想成需要各種條件才可以快樂。

心靈探索空間

1.如果每一天能抽出1-2個小時的時間給自己，與自己相處，將會為身心輸入滿滿能源，不但能使出能量跨越每天的考驗，更能滋養心靈。倘若是比較難配合到，建議可每一周至少抽出一段時間跟自己相處和溝通，這也是抒發壓力的一種方式。陪伴自己的過程是舒服的、輕鬆自在的。

獨處文化使人重拾一種簡單既平靜的快樂。

活出最耀眼的自己

第17章
情緒總是不聽話

在還沒踏上療癒路之前，由於長久以來處於一種極度壓制情感，不擅長表達自己，更沒有適時抒發，釋放心裡的悲傷，以致它們都留在心靈與身體裡；導致對情緒辨識模糊、情緒抽離，洞察自我能力越來越弱。

每次外界有事件發生就變得容易受影響、受波動，從而引出發負面情緒。然而每當情緒再次出來打擾，我會無意識地壓制它，越是叫它不要哭、不要難過、不要傷心，最後都會失望收場，發現它根本不聽我的話。結果反而使我內心產生許多種想法「覺得自己很沒用，連自己的情緒都不聽話，難怪所面對的人都不想理我，喜歡的人都不喜歡我……」。

當大腦被負面思維占領時，隨之而來的便是一堆負面情緒、自我挑剔、責備的話，其他角度、方式都難以被看見。

不要企圖控制情緒，只會反效果

這個時候，別試圖像從前的我一樣，想要命令或者是控制情緒要聽話，不相信的話，你現在可以試著回想一件最近讓你感到很不愉快的事件，相信你腦海裡已經出現了這件事，請你再次感受一下，當時候你的心情是什麼？你的想法又是什

麼？是否開始慢慢再次回到那些情緒裡？若是的話，你現在試著跟自己說「你不要不快樂」、「你不要傷心」、「你不要難過」，當你說完後，觀察一下現在的心境，你的情況是不是跟我一樣？情緒都不聽話，不受控制。

如果真的被我說中的話，先不要急著跑回負面情緒的漩渦裡，其實這種情況都是正常的。原因是我們的潛意識威力強大，除了能創造奇蹟發生之外，還有許多許多有待開發的功能和一些已被人們廣泛認識的功能，而其中一項潛意識的功能是，它不會為你處理「不」相關的事情。

回到剛才我們討論的例子中，當你試圖呼喊著「不要傷心」，要情緒聽你話的時候，潛意識已經在默默地為你執行操作，由於它不會處理「不」的資訊，所以接收到的訊息和指令是「要傷心」、「要難過」。因此要潛意識幫助你實行事情、聽從指令，請用正向的語句作溝通。假如使用不適當的指令，就會發生情緒不聽話的狀況出現，越想控制，就變得越失控。除了情緒之外，對於生活中的大小事情，人們都過於執著和存有掌控之心，反之卻讓情況越來越失去掌舵的方向。

情緒不分好壞

心靈的情緒若是已堆積如山了，無法負荷的時候，就會產生過度焦慮、較易變得情緒化、易感到傷心，這都是你平常拒絕聆聽心靈深處睿智的聲音、拒絕進行交流，所造成內在不協

活出最耀眼的自己　110

調的局面。

　　情緒是「認識自我」的一個好管道，由於我們對自己的了解並不深刻，有許多不知道的面向、未被覺知的東西，例如內在恐懼，害怕失去的人、事、不敢面對的問題等。

　　想要讓自己脫離苦海、脫胎換骨，就要提高對自己的覺察力，有意識地覺知自己的行為、情緒、想法從而了解背後的原因。當有意識的覺知不斷提高，就會形成一個自然的自我改善過程。其實每當情緒來臨時，就是一個覺知的過程，可以感知到它們來訪時對自身造成的感受；儘管有些情緒來襲時會深受困擾、變得痛苦難堪，但都是幫助你理解、陪伴自己與情緒相處的機會。**情緒沒有分好與壞，它只是我們心靈世界的一部分，同時它是充滿變化的，只要轉個角度、理解不一樣了，負面的角度隨時轉向正向的路徑。**

臣服生命之心

　　很多時候選擇「放下掌控」也是一種對自己的照顧方式，抱有執著之心，只會陷進失望、痛苦、挫敗之中；世事並非一定要如你所想的一樣，如果什麼都依照你的安排，人生哪來驚喜？哪來懂得珍惜與感恩呢？

　　如果你伴隨一顆臣服生命之心，以保持開放的態度觀察自己，覺知生活裡的模式與反應，自然地你可以活得越來越輕鬆自在。變得更加有意識地覺知舊有模式與恐懼來源，並且溫柔

地覺察它們，不加以批評。因此學習面對當下的情緒，當下的心境，無需過度壓抑自己，與情緒盡情溝通交流；伴隨一次又一次與情緒相處，雙方會變得更加熟悉，明白對方的用意，心中的混亂不安，焦慮感、恐懼便會慢慢地減少，最後，對情緒的敏銳度也會比從前更上一層樓。

　　仔細回想一下，有哪一種感受是帶有強烈的情緒？如果你是經常感到沮喪、憂慮的情緒，這是一個很重要的訊號。下一次再感受到內心被負面情緒充斥包圍時，不妨問問自己以下的問題，有助你整理混淆不清的心境、發現不知道的內在部分。

心靈探索空間

　　1.我現在被事情的那一個部分所產生的情緒困擾著？

　　2.這件事情讓我有什麼情緒？（可以是一個情緒或多個情緒在相同事件中）

　　3.你覺得現在可以做什麼事情來幫助自己跳出來？（例如解決方案，抒發情緒方法）

　　當問完自己問題，最後請再回到第1、2條問題，重新看看剛才你有誠實回答自己嗎？

第18章
從沒有底線中重建自己

如果一個人活在無意識裡，那麼他／她便不會知道自己是活得多麼的沒有底線。也就正正因為活在無意識中，才覺察不到別人對你的期待，別人希望你活成他們所喜歡的樣子，更覺察不到自己活在沒有底線當中，才會發生不斷受委屈、被欺負、被誤會、被踐踏。

你必須記住，在展開照顧自己的初步，首要重新檢視從前的自己、現在的自己與未來想成為的自己之間做出一個審視。這個概念就如一幢破舊的大樓，如今需要重新規劃、拆卸、重建的過程，當中包含著把過去的事件重新面對，重新建立新的自己，方可成為那個你愛的模樣。那麼在下一步準備要迎接新的自己之前，首先得為自己建立底線；其重要性就等於是新大樓內的核心柱子、地基，擔任著保護、鞏固大樓的穩定性。

建立自己的底線

由於我們從小對建立自己這方面並沒有太多實際的說明，弄致在許多關係中都會出現「沒有底線」的狀況，特別是面對親人、面對感情的時候，更是嚴重失衡。

對待他人所寄予的期盼、為了討好別人、不被討厭，哪怕

被對方不禮貌對待，我們所採取的態度是能忍受就忍耐吧，當一個濫好人，表面上是不與人計較、寬恕他人，實際是內在根本沒有一套屬於自己的底線，因此任人踐踏。

不與人計較、寬恕他人本是一些良好的品格，但不是讓人逐漸通融、不尊重自己，甚至被壓制來強逼做某事的手段，更不是用來說服自己可以委屈的藉口。

其實我們可以體諒、同情、尊重他人，與此同時也可與他人表達自己想法、感受，有什麼界線是不可以跨越的，否則別人會漸漸試探並大膽越線。

就如圖4中所顯示的沒有底線的人較易受他人影響和操縱，易盲目遵守他人的意見和欠缺自我想法；相反若是有建立起自己底線的人，會懂得尊重自己和他人，同時接納、保護自己，面對內心的想法，並且學會說不。

圖4

沒有建立自己

建立自己

你的底線在哪裡？

　　不過在與他人表達自己的底線之前，首先要了解自己不能容忍什麼事情？假如別人今天跨越了你的界線，你又會如何做呢？在這裡提醒一下，是依照自己的感受、價值觀、標準來設定你的底線。

　　舉例來說，有些人可以接受伴侶出軌一次並原諒，但有一些人則一次也不能容忍的，就會選擇分開。就這個例子來說，如果你是被背叛的那個人，當下的心情肯定是傷心難過，不知道要如何做，甚至聆聽不同人的意見。在這個時候，你就更需要空間冷靜自己，考慮、思考一下，本身對此事的接受程度是如何？能否真的可以原諒對方？假如原諒了對方一次，下次再犯，你的底線又是在哪裡呢？

　　我個人覺得，特別是感情的事情，由自己來做最後的選擇才是最適合，畢竟感情是自己的，並非由他人來決定。選擇原諒與否，問問自己的心，就會告訴你答案是什麼。

　　無論決定是什麼，都要記得如果這一條底線是自己無法接受的，請尊重自己的心，如果連你自己都不能保護好自己的底線，體諒自己的感受，那麼誰來尊重你呢？

設立底線的目的

　　設立個人底線，並非讓我們成為專制、不近人情的人，

而是透過明確的界定來塑造出人與人之間的尊重、理解，同時讓關係變得有彈性、健康的相處模式，而不是一直處於掏空自己、一味無限付出、任意隨人踐踏的情況。

每一個人的界線，接受程度都是不一樣的，無須要與他人作比較，但可向他人作參考，這樣也是一個開擴自己思維的方法之一。從小到大我們都被設計、塑造出來的，所以有一些的觀念、想法、價值觀是配合原生家庭、社會、外界環境而來。在長大之後，待你對自己有深入了解與認識之後，需要為心靈世界重新做出重新審查、分析、重整、清理。世界每天都在變，我們的心境、對事物的接受能力，也會隨之而變的，也許過去你無法接受的事情，今天長了智慧、看事情的視野更廣、更透徹了，一切都會改變的，所以永遠保持一顆開放心態是很重要。

如何尊重自己？

記得我有一支影片是分享有關尊重自己的主題，當時收到一些觀眾來信問如何可以做到尊重自己？其實就是要為自己好好設立底線，知道自己的想法，能夠容忍、接納的程度是在哪裡，深入認識就是在開啟尊重自己的過程了。

我們可以對於別人的行為、選擇、言語有不認同的觀點、看法，但也要尊重這是他人的想法。**每個人的想法、行為都是從潛意識出來的，當你懂了解自己的世界，自然會懂別人的世**

活出最耀眼的自己　　116

界。尊重他人並非一定要接受當事人的各種無理行為，你也有權利不認同，但需要尊重。正如今天你有一個想法，也許不被身邊的家人、朋友所認同的，哪怕今天沒有人同意你的想法或是所做的決定，不必急於否定自己，請尊重自己，畢竟這是經過自我探索、了解之後，拿出勇氣做出的選擇和歸納出來的想法。

以前我就是名副其實的濫好人，從不會SAY NO，別人希望去哪裡玩，做什麼事情（前提是合法，不傷害他人）都盡量配合，明明自己有想法卻不敢表達出來，總是覺得「這沒辦法，只好妥協」，久而久之別人當然是認為你是一個好好相處的人，同時也是一個什麼都願意配合、接受的人，於是別人總是喜歡找你，就這樣搞得自己好累。

後來通過深度認識、療癒自己之後，意識到原來要綻放出真正的光芒、活出幸福的自己是需要勇敢表達，**對於不喜歡、不想做的事情是可以SAY NO**。同時轉換了一個新思維，明白到成為一個好人並不是建立在什麼事情都要迎合才是好人，而是要有自主意見，懂得尊重自己，才有健康、良好的關係維繫下去。

開始SAY NO的時候

剛開始要勇敢表達SAY NO的時候，心裡的膽小鬼就跑出來；不敢發言，害怕別人不喜歡、害怕拒絕，於是就開展一場

內在的對話。

膽小鬼：「還是不要啦，等一下開口之後，如果拒絕別人的要求時，他們一定會不高興的。」

我：「不行，你要勇敢踏出去，凡事都有第一次的！」

膽小鬼：「……可是……我還是很害怕，不知道表達自己的想法之後，結果會如何？他們會怎麼看待我呢？會不會覺得我改變了？」

我：「對的，你就是要為自己改變，你忘記過往的勇敢嗎？還記得你想讓自己快樂的願望嗎？」

膽小鬼憶起那顆決定要讓自己快樂的心，就這樣踏出初次表達和拒絕別人的要求。

本來很害怕、擔憂的結果，到最後竟然是別人根本對此沒有什麼意見，還接納自己的想法。在第一次說出自己的感受與不願意之後，觀察到內心有一股很舒服、坦然、愉快的感受，驚訝地發現到原來敢於表達自己的想法，是一件很舒服的事情，不但讓心的脈絡能夠舒展，更是有助勇氣提升的方法。

尊重自己可以從生活的細節展開，觀察你的想法、行為、所喜歡與不喜歡的事情是什麼，透過認知後再設計自己的底線。當你懂得如何尊重自己，你就可以更加懂得尊重他人的世界，了解到別人背後的想法、行為是從何而來。到時候心就更廣闊，在意的瑣碎事自然變少了，思緒就顯得越來越明朗，專注力就能集中在重要的事情上。

心靈探索空間

1. 如何設定你的底線呢？首先要了解自己是不能容忍什麼事情？以下有一些例子可以作參考：
   - 不允許對方酗酒、嗑藥
   - 不允許伴侶出軌、背叛
   - 別人不負責的行為，不會做出幫助
   - 不接受作犯罪行為、傷害他人身體的行為
   - 別人言語污辱、身體或言語暴力，絕不允許

2. 假如他人觸犯你的底線？可否有寬恕的機會？如果可以寬恕，那麼會是多少次就是極限了？

第19章
願意成爲人生的負責人

在著名暢銷書《零極限》中，作者修・藍博士曾經提到說：「學會對生命中的一切負起百分之百的責任。」假如每個人都能夠做到這句話，那麼生命裡頭就不會有太多怨恨、妒意、執念、心結、放不下的事。

人在面臨艱苦、挑戰、貧窮、困難的時候，與及面對不喜歡、未被滿足的狀態，常常會落入人生受害者的情意中。不知道有沒有發現自己正在扮演著人生受害者的角色？

初次意識要爲人生負責

人生第一次聽到這句話的時候，我正陷於人生低潮期，是從一位朋友口中聽說的。

當時她是這樣告訴我：「無論你想做什麼決定也好，記得爲你的決定，爲你的人生負起責任就好。」我聽完之後呆了一下，原因是印象中沒有人告訴過我這件事。開始意識到，現在我的決定在未來是具有影響力的，而如今所做的選擇，無論將來結果是如何都需要個人承擔起責任。

這件事過了兩年之後，再次聆聽到這句話的時候，就是在上NLP的課程裡，導師說每個人都要爲自己的人生負責任；不

活出最耀眼的自己

過這次聽到這句話的時候領悟得比較深切。

因經歷過的歷練又不一樣了，更加領悟到生命裡的一切，哪怕是過去、現在、未來也好，只要一切都願意爲自己擔起人生的責任就好。

可是偏偏我們都被塑造成一個受害者的角色，從出生背景到成長後的所有經歷，深刻地烙印在潛意識，很容易讓人產生負面情緒，會抱怨、感到不公平、責備際遇、覺得不幸運。

當一個受害者確實是有一個好處，那就是無須爲自己的人生負起百分之百的責任，的確是比起爲自己人生負起完全責任的人輕鬆多了，只要有任何的事就怪到別人身上，是別人的不對，是別人給的傷害，是別人的欺騙，如此一來就把沉重的責任，讓自己成長的機會交拓外界，任由他人爲你做主，難怪無法得到快樂，常困在執念中。

你的選擇是什麼呢？

從接觸不同的個案與會面不同的人，了解到「受害者」的生態模式。許多時候並不是當事人願意造成的事，但卻使其人生承接了負面影響，對此而無法接受和難以理解。例如童年的不愉快、被父母拋棄、被暴力對待、社會不公平、被批評責罵、被無視存在、被欺騙背叛。

的確這一些事情，看似乎都是外界的人所造成的，弄得心都傷透了、心都流血不止了，此後再也不願意相信人，更因而

對人起了絕望之心。

　　我們無法改變別人曾經如何對待我們，也無法立即對過去釋懷，其實都是正常的。不過有否想過一直執著、拿著這些傷害，不痛苦嗎？如果一直不能改變過去的事件，是否終日把自己活成受害者？

　　這是兩件不同的事但人們都善於把它們連結在一齊，過去的事情是過去已發生的事，而現在、未來的事仍是未知，仍是存有選擇與創造的空間。雖然不能改變過去的事但是可以改觀過去，也就是改變對過去的看法。**倘若過去已經讓你活得夠痛苦了，為何長大後，你還要選擇這種痛苦的方式活著呢？你是在傷害自己，還是在幫助自己呢？**

　　也許過去曾經深深受到嚴重的傷害，無法拔掉的痛，揮之不去的回憶；在不知道如何面對之下，只好選擇逃離現實、放棄生活、埋沒天賦、過著受害者的生活，把一切怨恨、悲憤歸咎於他人與外界。又或者過去的你並不知道自己活成一位受害者，更不知道原來可以有「選擇」的；如果過去對你而言是無法選擇，那麼現在呢？你的選擇是什麼呢？

　　當你執於過去，就會被過去困在心靈監獄裡，任由痛苦無限次地輪迴、折磨。

願意負起責任的好處

　　想停止抱怨人生的最好方式是為自己的人生負起百分之百

活出最耀眼的自己　122

的責任。在負起責任之前，我們要先「看見」並且「承認」自己擔當著受害者的角色。

意思就是從不知不覺活成一個受害者的狀態中清醒，並且承認過去自己的行為、做事方式、抱有的心態。我曾經怪責過、埋怨過原生家庭對我所造成的影響，使我的童年充滿不愉快的回憶、被綁綑，同時吸收許多雜亂、極具破壞性的思維、想法（在療癒後發現）。在孩童時候，父母就是我們心中的權威人物，對我們有著深遠影響力。雖然過去的影響是無法改變，但是長大後重新照顧和選擇為人生負起責任，開展療癒的旅程，選擇權杖便會回到你手裡。

我發現當我決定選擇、願意為自己人生負起責任之後，人生的負面能量減少了許多。遇到困難、困境時，更不會過度陷入抱怨中，反而專注如何把問題解決。

全然地負起責任

倘若我們願意對生命裡所出現的事，願意為自己的人生全然地負起責任，生命裡的傷心難過、傷痛自然在適當的時間點，得到療癒的機會，釋放出來。

為人生負上責任的意思是不再指責任何人，事，物曾經給予你的傷害，造成的影響，重新創造，把主導權回到自己身上，當中包括快樂、幸福、健康。

了解事件發生必有它的因由，當下的我們，只需要做到

自己當下可以做的，爲人生做出適合自己的選擇，達到心腦合一，共同信念；如此一來潛意識裡的信念就轉換了，外在的行爲自然也會順著改變。

如佛家常提到的，每個人的靈魂都會轉世，而這一世我們來到這個世界，配合相遇不同的人事物，學習不同的課題，通過經歷事件來提煉、升揚靈魂的智慧；讓我們順應生命之流，從修煉中得到快樂與平靜。

心靈探索空間

1. 每個人都得爲自己的人生負起責任，生命自有它的選擇，若是過度貼上標籤，反而出現「我執」或是「控制」生命的走勢。應是放任生命，相信當下自有安排，一定可以發掘出最適合自己走的路。

2. 找一個放鬆，沒有壓力的晚上，靜靜地一個人，回想過去的你是使用什麼方式活著？持有什麼態度？無論過去是一種自我放棄的形式、受害者的角色也好，現在你會願意爲自己人生負起責任？重建人生軌道嗎？

第20章
3個方法豐富心靈

在第二單元提到，如果一個人內在那杯水是空的、長期缺乏的狀態下，就會因爲恐懼而往外索取愛、渴望關注而經常取悅他人，讓內在狀態嚴重被消耗。如果不想進入無法抽離的惡性模式，可以從觀察、調整、創造新的行爲習慣開始。

以下我有三個方法，實際運用在日常生活，不但改善自身所散發的頻率，更爲我的心靈世界帶來豐富的庫存量，因而不必緊張、害怕，擔心那一天心靈的水乾旱了，會怎麼辦？因此我在此章節分享讓你得到創造快樂、豐富自己的方法。而這三**個方法所帶來的滋養是長久、耐用，並提高精神層面的愉悅和創造力**。記得想讓心靈變得富有、豐盛的方法，就一定要爲內在的錢箱注滿快樂、愉悅、愛和正向能量。

第一個方法：檢視每天關注圈

在非常著名的書籍《祕密》中，提到「要改變你的狀況，首先必須改變你的想法。」

我們經常都忽略了自己的想法，不知道原來你的每一個念頭，每一個想法都擁有巨大的影響力，而每個念頭都是心想事成的要素。它就像一顆無形的種子，由內扎根生長，透過你每

天所灌輸的想法、念頭作爲滋養成長的肥料。

日常生活裡，其中一樣滋養你想法的肥料，就是你的關注圈。你關注的事物是什麼，你的生活也慢慢變成相同頻率。例如經常關注負面、消極訊息和新聞的人，會較易陷入負面情緒，然後深受影響，弄至整天都在擔心、焦慮、煩惱和恐懼不好的事情會不會發生。因此，想要讓好事迎來，先檢視每天圍繞著自己的訊息、接觸的人，是偏向正面還是負面較多呢？如果發現有負面的，請盡量避開或遠離，否則會被負面能量傳染。我會說盡量是因爲了解到有一些人的父母、伴侶、老闆或親近的人，是每天都需要接觸的，若要一下子疏離是對當事人來說太難，所以才說盡量。另一方面可從每天吸收的訊息開始做過濾，例如關注的新聞、影片、自媒體等等，實際上它們每天在默默地改造你。不要忽略每一天的威力，一點一點地累計起來，半年後或者一年後，就足以改變一個人的頻率和運氣。

那麼可以由什麼時候開始呢？

只要從今天開始嚴謹檢視，並且每天實施關注對你有正面影響的圈子，在半年後或一年之後，你肯定會發現整個人有不一樣的正向循環，運氣自然轉好，快樂也不再是一件難事了。

第二個方法：感恩練習

相信許多人都聽過「感恩練習」，但是不知道有否實際落實在生活中呢？

你可能會想，就這麼簡單就可以了嗎？每天觀察出五件值得感恩的事情就可以改變心態？人們有時候真的很奇怪，告訴你比較複雜的方法就會說是很困難，相反告訴你簡單的方法，就會質疑是否就這麼簡單？放心吧，曾經我在某個外國老師那邊聽到這個感恩練習時，也有相同的質疑；但由於在自我療癒的旅程中，發生太多不可相信、太多神奇到像魔法的事，所以我就接納有些事就是這麼簡單，只是人經常過度複雜化。就是如此，我開始進行這個感恩練習。

我曾經做了兩個實驗，第一個實驗是堅持每一天都寫上超過五件值得感恩的事情，維持了一年多。在這段日子裡，剛開始會有點不習慣，因人都較易專注負面的事情。後來做了感恩練習後，發現大腦很自然就展開關注正面的訊息，同時也因為感恩所引發出的喜悅，改變自身的頻率，人自然從心綻放出亮麗的光芒，迎來好事、好運。

經過一年多的感恩練習後，接著我嘗試了第二個實驗，暫停了大半年的時間沒有每天進行感恩練習，只是偶然覺得當下的事情值得感恩才記錄。結果發現那一陣子自身的頻率、關注點和內在的狀態是完全有落差的，變得較易被負面的事情吸引、容易精神疲倦，弄致較易招惹煩惱的到來。自從有了感恩之心後，帶動內心增添了許多非言語能形容的喜悅感與耐人尋味的平靜。

練習方法：每一天在你的日常生活中，尋找出三至五件事情是讓你覺得很感恩的，並且記錄下來。建議可在一整天結束

之後，回想當天所發生的事情或是當下有想要感恩的心情，也可以在當下於心中默默地說「謝謝」或是可以說出來。

　　我個人是特地買了一本本子寫下每天所遇到的感恩事情，如果你想用手機的方式作記錄也行。記得在進行時，要真的打從心裡感謝這件事情，並非因為外界的道德條文或別人覺得這件事情需要感恩，而你就「認為」是應該要感恩的。做這個練習的重點是要發自內心、真心覺得；因為真心在感謝的當下，身上已散發出正向的能量，同時心裡也能感受到真心感恩所帶來的喜悅。也許你可能會覺得每一天都是很平淡，根本沒有什麼可以值得感恩，那怎麼辦？如果真的是這樣，那你就一定要做這個練習。

　　看起來每一天好像是一樣但實際並非如此，在日常生活中，許多細節或人事物都在轉變，只是平常疏於了解。通過感恩練習，覺知每天你所得到的幫助、遇到的人、資源，都不是理所當然的；同時這也是訓練你的大腦，由從前關注負面訊息，如今訓練它關注正面資訊，培養成良好的習慣。

第三個方法：懂得跟自己談戀愛

　　我看過很多不一樣的關係都是千瘡百孔，互相指責對方，埋怨對方為自己做的一切，對此而產生厭惡感，最後更是彼此各走各路。其實走到這個地步，確實令人惋惜的。

　　如今說起來我們比較常關注到的都是與別人的關係，那麼

跟自己的關係又是如何呢？

是疏離？是痛恨自己？還是千瘡百孔，不敢面對？

如果不想與自己關係分道揚鑣，就要重新與自己建立關係，學習照顧自身感受。開始的辦法可以從與自己談戀愛入手，這也是為你的心靈注滿快樂、甜蜜、愛、幸福的第三個方法。還記得第一次接觸戀愛的心情嗎？可能會感到不知所措，到底戀愛是如何談的呢？

其實與自己相戀也是一樣的。可能對於現在的你來說，還未能夠做到這件事情，不過看完本書之後，你便會明白怎樣關心和體諒自己，從討厭自己變得逐漸喜歡上與自己在一齊。而在第三單元提過的獨處文化，就是其中一樣跟自己展開互動的方式。我在獨處的時候，都會選擇自己想去、愛去的地方、吃東西和觀光，放下平常忙碌的工作，放下干擾的手機，專心一致與自己相處，這是對自己的基本尊重。

每個人都喜歡收到驚喜的，所以偶而我也會為自己製造驚喜，是否很感興趣是如何做到呢？

驚喜帶來戀愛的甜蜜

所謂的給予驚喜自己，就是體驗一些未知的事情。通常我會安排一個目的地是從未去過的（相信你所住的城市，未必所有地方都去過，對吧？）之後我大約看看那個地方有什麼有趣的地方想去的，又或者是到達那個地點時，才進行探索。

也許對於一些經常要按照行事錄來辦事的人，很難做到這點，因為都需要安排好行程才安心。其實除了基本安全措施需要注意之外，獨處的時光就是一場你與自己的旅程，為何不用一個輕鬆的方式來行走呢？

當你實踐了便會發現到，原來不按部就班也是一種自由，一種享受。

在這段不作太多安排的小旅程裡，讓你的內在小孩出現，盡情享受當下的時光，享受所遇見的新鮮事。現在世界變化太大了，在不知不覺中，生活已出現了許多有趣的小發明、工具、設備，只是平日太忙碌、活在自己的世界而忽略探索的重要性。

所以在這段與內在相處的期間，所發現的趣事都能，把已冰冷的心逐步調升溫度。

投入享受這段時光，隨著次數變多了，你不但會喜歡上自己的獨有樂趣，更與自己建立一段深厚關係，漸漸地愛上跟自己交往的甜蜜時光。

與其想盡千方百計要討好、取悅他人，為何不把精力花在自己身上呢？

更何況這樣做的好處是往自己身上累積的，假以時日心靈的豐盛，蔓延綻放到日常生活裡，顯而易見的心想事成就會發生。

心靈探索空間

1. 宇宙的奧祕是只要依據自然法則，使能走向幸福、健康、圓滿、成功的道路。

2. 成爲幸福快樂的人，是需要像儲錢一樣的。把每天的快樂、正能量儲存於心靈，活出最好的狀態，幸運就會被深深吸引，到訪你的生命。

3. 把這三個方法進駐你的日常生活，持之以恆，一點一滴累積下來，命運就轉動了。

單元 4.
接納內在的不完整

第21章
學會照顧自己的感受

聆聽一下,內在是否經常有不同的聲音跑出來?也觀察一下,當中的情緒又是源自何處呢?它是否正在重複上演著童年時所聽過或是當時誰跟你說過此番話呢?

你有定期拜訪自己嗎?

你有多久沒有拜訪過內在的家園呢?多久沒有叩開家門?我們都不常拜訪自己,內在的那個家早已布滿灰塵、荒廢了,花園的雜草也變成密密麻麻;不知道從什麼時候開始遺棄了,不再重視這個家了。現在你終於發現了,想要深入內在世界探訪這個家,但在這之前要抱有心理準備。可能這個本來陽光明亮、充滿活力、花朵盛開的場面已經不在,只剩下陰暗無天日的景象。你可能會有疑問,為什麼會變成這樣呢?理由很簡單,看看我們平常是如何對待未被處理的情緒就知道。

平常對抗情緒的方式

經常聽到別人或是個案說「我都沒有感覺」,「我很少有情緒的」,這些話我曾經也真的以為是這樣。後來慢慢重新

連結心靈世界，回到內在，便能深切感受到有巨量情緒沒被疏通、對情感變得麻木，這都是與內在失去連結的特徵。只是一味埋頭工作、精力投放在生活或是興趣方面，藉以隔絕與外界接觸，獨自封閉處理，導致斷絕情感連結，埋葬情緒和隱藏自己真實感受，也因不想面對混亂的狀態而置之不理。有時候彷彿不能夠讓自己停下來，如果停下來之後就被空虛感偷襲，這時就會抓起外界的事物來分散內在呼喊的聲音，但這只不過是壓抑情緒的手法，一直累積傷害。

　　每一個人都有情緒，不容小覷。許多人一直都不照料自己的情緒，或是從不為這部分負責任；待某天情緒失控了，就得面臨花上一段長時間才能修復的局面。曾經我「希望自己可以沒有感覺，就無須體會痛苦、不快樂、難過、傷心，這些情緒，我不喜歡它們。」不過深思想想，假如感受和情緒都消失了，意味著將會失去生命中很重要的一部分。情緒並沒有分好與壞，它只是為我們帶來體驗的一種方式；試想像一下，如果有一天，真的是失去感覺了，再也感受不到別人的溫暖、愛、付出，體會不到人間的冷暖滋味。這不會像一個機器人嗎？如果你真的有嘗試過感知情緒的能力變差、心變得盲目，就會知道這並非一件快樂的事，反而是另一種層次的痛苦。

　　我們會對情緒存在抗拒，源於不懂得如何與情緒相處。

該如何與情緒相處？

　　首先要知道人類有情緒，有感受是正常的，也是可以的，是被允許的。當悲傷、憤怒、難過、焦慮、恐懼等等的情緒又出現時，面對它們，接受當下的自己，學習不再強顏歡笑，需要哭的時候，找個地方、空間讓自己好好大哭一場或是透過運動、冥想的方式來抒發相關的情緒。提醒一下，面對情緒，不是要沉浸於情緒的漩渦而爬不出來。

　　以下有三個方向，助你照顧自己的感受。

　　（1）可以為自己創建獨處空間，特別是內心陷於混戰時，為了避免受到其他人或外界影響，藉由獨處時光，展開內在對話，關懷內在小孩需求與心聲，更加親密相處。

　　如此一來，漸漸與內在拉近距離，找回內在真正的需求，才可從聚多假象之中聆聽到真正的內在聲音與想法，認知到真正的想法，就可避免內在許多想法的衝突，同時在聚多複雜的情緒裡進行梳理。

　　（2）檢視情緒由來也是與情緒相處不可或缺的覺察部分。在與不同個案會面的時候，發現到一個大多數人都擁有的情況，那就是說不出什麼情緒或是不知道為何會產生這情緒，只知道有情緒。我經常舉一個例子，如果今天要釋放掉不要的情緒，那麼它是什麼呢？比如日常生活裡頭，我需要你幫忙把一件垃圾掉了，那麼我得告訴你，「請你幫我掉了……（可能是衣服、喝完的珍奶飲料？）」所以我們多認識自己，了解自

己背後的情緒是什麼，才有辦法把影響的情緒進行釋放。同時了解到底有什麼想法讓你產生此情緒呢？正如前幾個章節提說的，從小到大吸收太多思維模式，也許是不正確、對自身有害的，就會導致人產生想法、情緒，繼而產生行為習慣。

下一次遇到某件事情使你產生情緒時，可根據圖5中所顯示的問題，問問自己。

1.這件事情的發生讓你有什麼想法？

2.你現在感受到什麼？有什麼情緒？

3.列舉在這件事中，因為情緒的產生讓你做了什麼行為？

圖5

| 想法 | 情緒 | 行為 |

這件事情讓你有什麼想法？　　在這件事的相關情緒？　　你做了什麼？
　　　　　　　　　　　　　　你現在感受到什麼？

（3）尋找信任的人聊聊自己內心的感受也是幫助抒發情緒的管道。

我個人建議是有深度的交談，會對舒緩情緒起更大的作用。透過我的觀察，普遍來講在亞洲地區的人，都不太會把自己內心真實的情感坦然地表達出來，也不喜歡談太多自己內心複雜的情緒，害怕被人取笑、被人評價，所以較多收藏自己情緒。相反在外國地區，老外就比較會暢談自己內心的感受、看

法，如此一來自然可以在與好友交談中，得到諒解、同理，也在這過程中，慢慢疏通鎖在內心的事情、情緒。

　　但是如果發現自己情緒經常陷入崩潰、有想要自殺的念頭，就一定要尋找外界的專業人協助。我明白大多數人都不願意接受別人的幫助，認為自己可以處理好，不用勞動別人；其實尋找外界的幫助並非要承認自己不行、自己沒有用，而是透過協助讓你變得更加快樂，成為更好的自己。

　　只要今天開始照顧、關注自己感受，感知情緒，學會了解自身的情緒，透過一步一步的前進，一定可以遇見一個臉上常掛笑容的你。

心靈探索空間

　　寫作也是一種抒發情緒的方式，不一定要文筆多厲害，記錄自己明白的用語就行。寫日記就是其中一種情緒抒發，簡單寫下當時悶悶不樂的心情、情緒是什麼，建議一邊寫的時候，看看圖5所顯示的問題，再寫出問題的答案。過去我還沒學習那麼多釋放情緒的工具之前，也是用此方法抒發。後來更發現這記錄對當下和未來的自己，有著互相認識的作用和觀察自身的變化。

1. 在寧靜的空間，獨自與自己相處的時候，問自己：「我需要做什麼來照顧你？」聆聽當下的直覺、接受的訊息或畫面；若是感到被打醒的感覺，這就是答案。

第22章
與內在小孩的分裂關係

　　無論你是一位男性還是女性，內心世界的深處都居住了一位內在小孩，這位小孩子對於你來說並不陌生，畢竟曾經的歲月裡他／她都陪伴過你，只是在成長的過程中，你與內在小孩的連結都打斷了，雙方的關係變得很陌生、不熟悉，甚至出現了遺忘的情況。

關係疏離的原因

　　既然我們的關係本來是如此親密，又何故會遺忘內在小孩的存在呢？如果要了解這件事情的起因，想必需要回到童年的時代與及成長階段。還記得當時你還是一個天真爛漫，活潑好動的孩子，盡情毫無顧忌地釋放情緒，鬧脾氣，沒有太多限制，原本是放寬身心，任由發揮的時期；卻在父母的教育，社會框架教育中，開始把小孩塑造成表象，一個外型是小孩但卻被規約成「大人模式」。比較常見的情況是，父母為了不想面對孩子的無理取鬧，哭哭啼啼，便會使用他們的身分權利來壓制小孩哭泣的自由，命令他們不准再哭，要是再不停止就會馬上受到責罰。在這種狀況，小孩發揮人類天生的本能，啟動自我保護機制，為了不想受罰，就只好照辦，不敢表達情緒。這

就是一個漸漸讓小孩從童心裡磨滅，甚至對情緒敏銳度逐漸麻木，與內在造成分離的原始。

開拓更高視野是為了改寫自己

　　說到這並不是要你怪責父母的教育，也不是要批評他們的行為是否有錯誤，而是讓你能夠有一個宏觀廣闊的視野，瞭解為何形成現在的你。每一個家庭裡，每對父母都是在各自的家庭環境裡長大成人的，從而根據過往自身的成長環境與及教育，再來培育、教育如今的你；有一些父母在長大成人後，若是對於自身的心靈有所提升，有所探索並深入認識與建立足夠的關係，將會在其生活中進行改變。而改變產生了新的行為模式，自然地對於小孩的教育方式與及其管制方式會有所不同。這就是所謂的相由心生，心境的變化能 間改寫各種現實生活的問題。人類之所以有那麼多大大小小的問題，是源於不了解自己，在潛意識的操作裡無意識地活著。

　　另一方面，伴隨著小孩子出生到長大的過程中，經歷不同時期的心靈傷口，包括童年時與父母相處之間所產生的衝突、被傷害、心碎、誤解；之後在青春時期所面臨身心的變化，同輩之間的互相比較，不被重視、自卑的情緒；接著慢慢步入大人的階段，觸碰到男女之情，繼而連串愛恨交纏，離離合合，內在變得支離破碎。

　　同一階段也需要面對人生計劃，面對前路應該要往哪裡

走？未來的工作規劃又是怎樣？心中的無形壓力，被迫要撐住的框架，頓時感到快呼吸不了。可是理性層面還是知道要趕緊處理眼前的問題，於是爲了不讓自己太過費力，只好把所有情緒、想法都先壓下來，所以根本無法理會內在小孩的哭鬧，與無數次的呼喊。

顧好內在小孩，人生就不同了

推廣荷歐波諾波諾到全世界的修・藍博士提說聆聽尤尼希皮里（內在小孩）的聲音，重視自己、不忽視自己，並且清理，便能消除不需要的記憶，找回眞正的自己。而照顧尤尼希皮里（內在小孩），本身就是最棒的清理。

其實內在小孩一直都與我們同在，關鍵在於平常你與他／她的連結是深厚還是不熟悉、疏離？就在剛才所提到的成長過程中，我們都無可否認與自己的內在小孩解體了，失去聯繫了，所以他／她才會用不同的方式向你撒嬌，無理取鬧；若再不理會，甚至採取強硬的態度方式來告訴你。那一些方式將會是難以敞開心房與人深入交流，情感抽離，終日活在情緒的動盪轉換，對於事物失去興趣，容易對他人舉動過於敏感、易受傷，引致無力感越來越重。這一些狀況都反映在家庭、感情、事業裡，每天都在影響著我們的生活品質，阻礙身心發展。

那麼要如何讓自己從這一些狀態中，重新活出幸福與展現笑容呢？

活出最耀眼的自己　142

答案是，與內在小孩重新建立橋樑，繼而再次修復兩者之間的關係，最好的辦法一定是療癒我們的內在小孩，關懷需求、修補分裂多年的關係。

你知道嗎？世界上最厲害的魔法是「你與我和解」。

當你願意與過去的事件、人物和解，傷痛瞬間就釋懷了。

心靈探索空間
——與內在小孩的連結

1.每當感受到內心的不安、焦慮、恐懼，可透過身心覺察，靜心觀照是否連結到過去的某些回憶？某件事情？而正在經歷的人，看看是否童年時代的你。

2.感應到內在小孩的出現，也許會為你帶來強烈的情緒，不知如何處理，那一刻只需要陪伴和觀察自己與內在小孩的變化就可以了。

3.習慣連結內在的狀況，觀察內在小孩的變化，就可以更加了解自己許多問題的成因，例如為何總是對愛匱乏？為何常常不愛自己？

第23章
第一次與內在小孩會面

　　現時代的人在生活裡充斥各式各樣的壓抑，各種被否定的面貌，由於太習慣這種不快樂的模式了，反而難以覺察到有一位在心靈某個角落隱藏、等候多年、被遺棄、被忽略的內在小孩。快樂的懷抱一直為你打開著，距離不遙遠，離你很近，就在你心裡。對於想要快樂平靜、更加認識自己、重掌人生軌道的人而言，走進心靈世界，療癒內在小孩是一條不可繞過的的路。

與內在小孩的第一次

　　在2019年開始踏上探索自己的旅程，目的是為了找回能夠填補心中那一大塊心靈的空洞。當時的狀況就彷彿，若是我不作填補，整個人的身心狀態都顯得很空虛，很虛弱，而且很難從心裡真心快樂起來，感覺所有快樂是短暫的，很快就消逝。

　　如今想起來，與其說是填補，倒不如說是覺知到內心有一大部分已經枯竭了，需要緊急搶救與及修復，一個在心靈世界裡自以為是最可憐的人。於是為了要修復支離破碎的自己，所以就決定接觸內在小孩並進行療癒。當時候透過時間線療法，

與潛意識連結，回溯到過去仍然是小女孩的階段。

那時候的我是一個大約五歲、六歲的女孩。

在過去的時空裡，我是帶著一點距離的視野觀看著這位小女孩，只是隱約感受到她有點熟悉卻感受不到當時她的情緒；另一方面也好奇想知道她正在做什麼，於是就慢慢地往小女孩的身影前進。就在我與她的距離越來越近的時候，很明顯地感受到她的背影所散發出來的陣陣能量、氣息，當中帶有許多說不出來的複雜情緒，而其中一種最為強烈的情緒叫「悲傷」。這股強烈的悲傷感，被暗黑的烏雲包圍著；隨著我越來越靠近的時候，漸漸從外滲透進我的心。（當時的我仍是在潛意識的狀態，還是在過去的時空中，同時仍保有現在的我的意識狀態，所以仍然是知道發生什麼事情的。）

從心靈觸碰到的悲傷反應

此悲傷的情緒非常有威力，不多久就入侵了整個身心，那時候是有點害怕這股悲傷，也不知道可以怎麼面對。雖然如此但我並沒有試圖要逃離現場，因為很清楚知道想要幫助內在小孩，想照顧被遺忘的小女孩，與此同時，我能夠感知到身體有一點的微發抖徵狀，心裡頭好像有股波流要發出來一樣。

當我到達小女孩的面前時，她轉頭看過來的眼神與我四目交接的時候，剛才心裡頭想要發出來的波流，終於有了一個明顯的答案了，它就是一粒又一粒逐漸變大的眼淚，不自覺地

流出來，到後來更是如傾盆大雨般地無法控制。當下的我也沒有想要控制就如實地面對當時的感受和情緒，讓眼淚釋放出來。在那四目連接的 間，深深明白到在這小女孩身上充滿了委屈、孤獨、傷心、難過、痛苦，臉上並沒有笑容，掛著一絲絲的絕望，更重要是她不想與人接觸，不理睬我。

我願意面對

當覺察到她隱藏以久的悲傷後，就讓她盡情抒發情緒和陪伴她。看著她的表情，不禁起了憐憫，心痛並想著為什麼她會變到如此絕望的模樣？這份心痛讓內心更加有了明確的想法。於是我問自己：「現在你可以透過療癒的過程中，重新作選擇，你會怎麼選呢？」停滯了一下，眼有淚光地看著內在小孩說：「對不起，過去的我不懂得如何照顧你，使你受到無法彌補的難過、傷害，從現在開始我會好好地照顧你，讓你可以散發出天真爛漫的笑容，為了重拾這個笑容，我願意面對過去、面對自己的想法、接納自己、原諒自己。」內在小孩聽完這段話之後，從不太想與我接觸，變得開始與我有更多眼神交流，更沒有害怕我這個陌生人，就這樣我們彼此開展了連結，與往後多場療癒的旅程。

短暫性的療癒並不眞

　　眞正的療癒自己並不是作一些表面的行爲來打發暫時性的需求，比喻說有些人會覺得聽完一場音樂演奏表演，看完一套電影，做完運動後，在當下能夠卽時感受到療癒的感覺，這的確沒錯。我有時候也會做這種短暫性的事情來解壓，讓心靈放假，得到平靜。不過這類短暫性的活動，未必眞正的能從心裡獲得眞正有效的療癒。然而要勇敢面對，療癒過去和現在的自己，是需要一場深入的探索旅程才可以的。潛意識是掌握住非自主功能、情緒和習慣的模式。在年幼時期已被身邊的父母、老師同學、電視節目和接觸過的資訊而寫成了程序，從而產生大部分的習慣、想法和情緒反應。由於當時你的心智還沒成熟，根本沒有判斷和過濾的能力。因此長大之後，要妥善處理與清理，探索潛意識裡是否存在破壞性和具有毀滅式的程序。

內心的恐懼

　　人們可能聽到要探究內心、挖掘過去就會開始恐懼了，猶如要在一片漆黑的森林裡遊走，探索未知。其實我們之所以感到害怕，除了懼怕要面對那些被深深埋葬的回憶、不堪回想的傷痛以外，更害怕倘若再深挖下去，就會發現到一種更深層的恐懼感是來自於面對眞實的自己。人們是難以接受一手建立的外在自我，眞實並非是這樣，不能接受內在存在著虛構、自

私、脆弱、自卑、還有一堆對外界與自己的評價、批判。這麼血淋淋的裸視才會讓人想要逃避。

面對內心的陰暗並非想像中的可怕

老實說當我剛開始接觸心靈世界的時候，面對內在隱藏的部分，的確是很震驚的，我當時試著要逃避自己擁有這一些想法，我會問自己為什麼會有討厭自己父母的想法呢？他們明明就很辛苦把我養大，怎麼可以擁有這一些想法？怎麼可以生氣呢？在這個時候，我使用了一個大人的角度、理性層面的分析來評價了自己，也就是說「我不能夠接受自己擁有這一些不應該擁有的想法。」

既然發現了自己擁有這一些想法，那怎麼辦呢？過去的我是如何對待它們呢？好像都是把它們用理性分析，理性的藉口來包裝，壓抑它們，可是沒想到越壓制，越傷害了自己，讓內在小孩懼怕我，疏離我，同時快樂也被拒於千里之外。在潛意識裡的世界是沒有邏輯性的，思維像一個單純的小孩，所以當我們與內在小孩相處時，勿過度使用大人的理性來溝通，放下「應該」，拿出諒解，如此一來的溝通才有效。

心靈探索空間

1. 一個願意陪伴，與你經歷，懂你所痛，心疼你的人，其實一早已經出現了，只是被情緒的泥沼淹蓋，導致沒有發現的機會而已。

2. 眞正能療癒自己的人是自己。

3. 唯獨內在小孩快樂，這份快樂才會發揮出來，使你成爲一個最快樂的自己。

第24章
害怕說出眞實的聲音

人們一直以來都有一種毛病，就是害怕說出眞實的聲音。不管你今天的角色是一位管理高層、創業者、專業人士、員工、父母、子女、伴侶也好，同樣擁有著這個小毛病。我們都不敢在一個場合發表自己的意見和看法，是基於被內在各種恐懼阻礙，例如害怕發出內心眞實聲音之後會被嘲笑、評論，害怕別人爲你貼上標籤，害怕與衆不同的眼光；就是因爲以上種種害怕，讓你卻步了，選擇忽略內在聲音。由於長期下來被忽略的聲音，使你走在一條沒有自我的道路上，漸漸地被毒害性的負面思維，爭吵不斷的腦袋聲音而淹沒了。

無法誠實的原因

小時候在學校裡最常聽到老師們說有關誠實方面的教導，「當我們做錯事之後，不可推卸責任，需誠實勇敢承擔，爲做過的事情負責任。」有一天我在思考的時候，突然想到怎麼好像從來都沒有人（包括在原生家庭、學校），或者沒有一個概念想法，提倡我們「需要誠實面對自己」呢？對於誠實面對自己，通常會以輕描淡寫爲主，主要灌輸要誠實面對他人，不能對他人說謊，那麼如果我們對自己說謊呢？這種處境，又該如

何面對呢？

隨著時光飛逝，從小孩子的角色，轉化成爲一位成人的角色，過程裡我們又有多少次是使用「誠實」在自己身上呢？許多時候擔任了成年人，就順理成章地不允許自己過度放大想法和情緒，害怕被貼上「軟弱」的標籤，實際被忽視的是潛藏更深處的恐懼，害怕被別人看出內在那顆容易受傷的玻璃心。

回看有一段時期的我，每當有朋友想要做往內深入交流時，心理那套預設好的防禦機制便會自動開啟，深怕別人跑進來之後，又突然消失，剩下自己。原因是難以坦誠面對內心的聲音、想法、恐懼失去，嚴重身處於極爲需要安全感和被關愛的狀態。可惜當時的我並沒有發現到這樣的狀態爲之後的人生，帶來一幕又一幕傷心欲痛的戲碼；離自己的心越走越遠，差一點就陷於萬劫不復的漩渦裡頭。雖然從前對於敞開心扉是有一道很大的阻礙力，但是當中也有跟隨內心想法行走的事件，例如在較早的章節提到的澳洲打工渡假體驗和海外生活之外，還有以下這件「不對自己說謊」的事。

往事的選擇──出櫃

不同階段的我，擁有著不同的勇敢，也面臨過不同的困難選擇，儘管多麼艱難，只要心靜下來，答案自然就來了。我想跟你分享這件不對自己說謊、勇敢忠於自己感覺的事，這就是曾經有一段感情是跟女生在一齊的。也許現在的你會驚訝、錯

愕，沒關係我明白，其實不止是你。當初意識到自己對女生產生情感的瞬間是害怕的，畢竟當時的我內心是脆弱無力。除了心中懼怕別人的眼光，還害怕身邊的人在背後會怎樣討論我？會不會把我標籤為奇怪之人？認為我做了不應該的事情？在傳統的社會、原生家庭裡，這件事情都是難於被接受、不被認可的事情，因此心中產生了多次的小劇場，不斷糾結與否定自己，覺得自己的行為是不可接受的，但又無法忽視內心存在的感覺。其中最重要的內心衝突，是連自己也不敢接受心中這份情感，嘗試過逃離現實，躲避真實感覺，越是躲避腦海裡越浮現各種想法。當時候內在世界各種聲音都出來戰鬥，彷彿要突圍而出戰勝，可算是一場非常艱難的內耗對戰。那陣子淪陷苦思之中，難以做出決定。

勇敢對自己不說謊

經過一番各自對戰，自我否定與批評之後，找了一個靜心的地方跟自己的心做出面對。我問自己：「你現在的感覺是什麼？讓你苦惱的點又是什麼？」

當時的我回：「害怕踏出去之後，不知道會怎樣，也害怕別人的想法，不知道是否做對事情。」

再問：「如果你不承認、不與自己坦白，你會後悔嗎？」

經過內在探索後，最終選擇向自己坦白，接受真實的情感，並勇敢爭取自己想要的。那個時候的我之所以會做出這個

決定是單純想讓自己可以活得開心，相比別人怎麼看待我的眼光都不是最重要；另外我會想到若是錯過了，將來也許會讓自己後悔，可能會後悔當初沒有正視真實的感覺，後悔對自己缺失一種尊重，後悔為了別人的眼光而錯過了想做的事情。

在一連串的內在戰鬥後，順理成章地開展了一段充滿未知的感情。當中經歷不少事情，看到不一樣的自己，有討厭的、有脆弱的、有痛苦難過的、有孤獨的，更有撕心裂肺的痛，與及迷失自己的痛苦。看到這裡，你心中可能會有個疑問「你有後悔當初選擇嗎？」答案是沒有，因為傷痛背後，為我迎來了想像不到的人生改變，也得到不少禮物。不管在感情、心靈成長方面、人生際遇都有所領悟，更加知道自己需要什麼。感情是反映著內在狀態，顯示出許多未被療癒的根源，讓我從中發現被忽略的碎片。此外更為開心的事情，是終於體驗到「尊重自己」了，沒有這一切便不會有另一段人生的開始。

每個選擇的背後都是經由一番內在消耗而來，過程中需要極大勇氣來正視真實感受，同時尊重內在的聲音，才產生出最適合當時的答案。

若是一直下不了決定，回到靜心狀態，內在早已有了答案，只待靜心後便可發現。

是時候在別人面前當回自己

如今重新回顧此事，把它在烈日當空之下掀開，猶如空

蕩蕩暴露人前，所以腦袋就不受控出現一些想法，顧慮、擔憂著如果這本書出版，身邊的家人、朋友看到這段歷史會有什麼反應呢？會不會破壞了他們心中的我呢？會不會接受不了呢？嚴格來說，是害怕家人看到，不知有什麼想法。於是被這種憂慮的混亂推動下，準備想發送一個訊息問朋友：「要不要把這一章節寫出來？」內在的顯化再次出現，正當我在打著文字訊息還沒有發送的當下，潛意識裡傳來一段震撼的話：「現在你也是時候給身邊的人，包括你的家人朋友，認識不同的你，你已不再是小時候的那個你；唯獨做到這樣，你才是真正的做自己。」接收到訊息的這一刻，從心裡發出微笑並用感應回說：「我知道了」就這樣就有了這一章節的出現了。

潛意識裡的智慧博大精深，充滿從遠古至今的智慧，只要心靜下，智慧就來了。

結果未必是糟糕的

一般來說，我們跟家人、長輩、朋友、身邊不熟悉的人，不會輕易表達出自己的情感，所以會說不同的謊言，一個蓋一個來遮遮掩掩，這只會造成內心的痛苦。我承認有時候善意的謊言是需要的，舉例來說，若你說出某一些事件的真實感受或真實情況，也得看當事人的接受程度，畢竟有些事對某一些人來說來是難以消化，更會大受打擊。因此在做出決定時，觀察與平衡自己，同時不忽略真實感受是很重要的，一旦能夠坦率

面對自己，便可通過自身的努力使想法與行為成為現實，並從中學會和吸收經驗的養分，這樣一來就不用再依靠討好別人的想法、掩飾自己、欺騙他人與自己，作為隱瞞的藉口。

其實我身邊有一些朋友、前任都知道出櫃的事，卻沒有用異常的眼光看待，接納我是誰。在我的生命中所認識的朋友，都是非常包容、接納我，也很感恩一路以來有他們的支持、給我勇氣繼續做自己，我才敢於當自己。在生命裡若遇到真心包容你的朋友，請好好珍惜這一顆真心，是無法替代的。有時候我們總是胡思亂想，擔憂別人會以什麼眼光看待自己，可是有否發現當你表達了內心的想法，別人又未必如你所想的糟糕，反而是可以接納的。無論別人能否接受也好，心意是應該被自己所看見的，要幸福之前需要誠實面對自己。

1. 現在開始你要放下從前做得很厲害的技能「忽略自己的感受」，變成學習新的技能「正視自己的感受」。

2. 如果對自己說謊，一味只看他人眼色行事，只會淪爲一切受控於人的傀儡，同時也失去了成爲自己生命的主人。

3. 如果要你爲自己說出眞實聲音，你會覺得怎麼樣？你覺得做了之後，內心會舒暢嗎？困擾的問題會被解決嗎？

倘若心已有想法，想要爭取的事，那麼就爲自己勇敢吧！

第25章
躲藏起來的陰影面

由於時代的變遷，造化現今世界物質豐沛、豐盛、繁榮，不會像父母的年代，終日擔心三餐溫飽，活在缺乏資源的生活環境裡。因此我們可以有資源去追求物質以外的事物，追求身心健康、提升精神層面、培養內在智慧，我們也可以追求「做自己」。「能夠做自己」是很多人心中的渴望，畢竟能夠做自己是一件人生中最幸福，最自由既簡單而快樂的事。但是問題就來了，經常聽到或是來信者問我：「怎麼能夠活出自己？做自己呢？」這條問題的答案是需要層次性的解答，首先從淺層開始到深入心靈深處探索，了解自己的世界，當中包括面對自己不想面對的陰影部分，而這部分也是我接著想說的觀點。

陰影部分的存在

在榮格心理學中，陰影是意識覺知不到的層面。陰影是我們內在的盲點，別人或許看到的，自己卻看不到。但它卻投射在我們生活周遭，深深影響我們的人生。大部分的人一生都耗盡力氣不斷地對抗自己的陰影，卻忘了它是我們心靈的一部分，是保護我們生存的機制，可是往往不容易被接受為自我的一部分。通常我們都把這部分的性格缺陷投射在別人的身上，

心中產生強烈的抗拒。

有一件事情是很奇怪的，不知你有否發現到，我們每一個人都不喜歡別人欺騙自己，可是為何我們卻成為了那個欺騙自己的人呢？你不但是欺騙自己最多的人，還隱瞞得非常好，騙自己沒有受傷、騙自己不愛某人了、騙自己接受現實，營造出欺騙來隱藏內在的醜陋部分，不敢正視。

「活出自己」猶如拼湊一塊又一塊的拼圖一樣，需要不同的部分而組成，因此在活出自己之前，**必需要勇敢面對內在陰影部分**。可惜大多數的人都缺乏勇氣面對這個部分，儘管有覺知的情況下也不願意承認，企圖否定那些部分的自我，寧願耗盡內在能量把陰影部分埋藏於心靈最深最深的地方。

我們自以為隱藏到沒有人能發現它們，可不知道越是隱藏，越是把它們顯露在人前，當中包括內心最脆弱、最自卑、最不願意呈現於人前的真實面貌。

如何接納陰影部分？

通過潛意識由淺到深入探索，走進被隱藏深處的部分，於過程中，很大可能會發現陰影被瓜分成不同的小部分偷偷躲起來，此時需要配合耐心，持續覺察與發現，探索心靈世界每塊領土，就可遇見那一些部分。與它們相遇後，使出勇氣作為你最大的後盾，陪伴自己面對隱藏許久的部分，例如自我創造出來的假象，自我良好的面貌，不斷假裝與否定不存在的面向。

把所有未能完全接納的部分弱化、停止餵養、根治躲避在羞愧裡的負面情緒，承認並且坦然面對心靈世界所擁有的這些部分，與之共諧相處，讓過去它們為你建立的挫折感、無力感、厭棄感、非理性的，甚至不假思索的自我毀滅方式都一一化解，接納自己的過去，接受曾經否定過的自己，接納曾經被你厭棄的自我；從心靈世界裡獲得新的理解、體會後，進而做出整合，內在和解，包容。經過與陰影部分進行內在溝通之後，意識層面便可得到新的認知，修正看法，接納。這是對於前往心靈成長、靈性成長和自我認知的過程中，非常重要的關鍵。

　　由於經過了一段突破陰影部分的旅程，更加能夠體會到真實當自己的感覺是如何，這種感覺一定是過去那個假裝的你，從來無法體驗到的。是很坦然，不修葺地跟自己相處，坦誠面對，很舒暢自在的。不管是陰影部分的你或是假象創造出來的你，都是人生的一部分；然而經歷過否定、羞愧、不願承認，才能坦蕩地活出自己，變得容光煥發、心胸開闊。

　　「唯有穿越陰霾，光芒才能滋養成就你」
　　「真誠接納自己之後，才能建立屬於我們的界線」

心靈探索空間

1. 在獨處時間，你有片刻坦誠面對自己的感受，自己的想法嗎？

2. 你是如何對待那個被你厭棄的自己呢？逃避還是每次出現都趕走呢？

3. 寫出十項，你不接納自己的部分，包括外在與內在。（也許你會寫出超出十項但沒關係，誠實作答就行），寫完之後再看一下，這些項目是否造成你經常焦慮、與人比較、不喜歡自己的原因？

第26章
在黑暗裡看見不完美的自己

　　前一章節提到著名心理學家榮格曾說，人的內在都存在著「陰影」的部分。而陰影是指存在於潛意識裡，讓自己厭惡、不敢承認的陰暗面。大多數的人都不願意接受自己心中擁有陰暗的念頭，即使有機會感覺到這部分的存在也會瞬間轉移念頭，不想承認與不敢直視自己竟然有髒亂的一面。這是因為我們從小在外界得到的訊息、觀念和教育，倘若擁有不好的念頭，都是一件不對的、不允許的事情，所以我們都很努力、盡心盡力地在別人面前做到「別人心中的好人」，放棄和忽略自己的情緒、想法和感受。不過卻不知道原來這樣會造成往後與內在世界，越來越遠、越分裂的原因。當人們與心靈世界失去聯繫或是斷交了，會導致身心失衡，生活不協調，嚴重的話更會讓身體產生各種慢性疾病，影響身心健康。

在療癒中覺察陰影面

　　在我協助個案進行諮商及治療的過程中，發現大多數的人在過去裡都是不善於處理和發現自己的情緒和想法，更何況要洞察到心中存在著令人厭惡，不被喜歡的面向呢？這是一件不輕易能夠被發現的事情，與此同時既讓人感到害怕，又非常

驚訝的是自己為何會有這一些想法？通常在療癒的過程遇到這種情況，會先慢慢引領個案「看見」自己存在著這部分，接著就是「接納」和「允許」自己擁有這部分，畢竟我們是人類，會有各種念頭。當面臨念頭的出現，無論是好的還是壞的，它們都只是念頭，不需加以任何批判，靜靜地意識到自己有這回事，就已經是一個覺察自己的好開始。

萬一被認為是醜陋的一面出現，例如自私、慾望、占有、妒嫉、邪惡、憤怒等等想法、念頭來了，我們可以怎麼應對呢？根本不想正視竟然會有許多「不應該」的想法，簡直無法接受邪惡一面，更加無法坦誠與人分享，內心深處是極度害怕說出心聲後會被人討厭，被批評。如此一來又可以看見一種我們經常出現的模式，那便是不斷挑剔自己、否定想法、被心中堆疊的「應該要」和條文掩蔽了心。

應該如何面對陰暗面向？

在我的人生裡曾遇到被人傷害、言語污辱、看見人性的不光采，這對於內心的衝擊是非常大，一方面是內外的自我被踐踏了，心受傷了；另一方面腦袋會跑出各種想要罵人的話語，可是當時被自我塑造出來的「好脾氣」形象阻擋了，因而把所有生氣、憤怒的情緒、各種想罵人的話吞嚥下來。這瞬間你就被生氣、憤怒的情緒掩蓋了「陰影」的部分；除非有一天，掀開生氣憤怒的面紗，才會發現那一些「不被接納」的想法與念

頭。這就是爲什麼「陰影」的部分並不容易被發現就是如此。如洋蔥般的抽絲剝繭，營造一層又一層的自我形象與假象，隱蔽在潛意識裡，更是最不爲人覺察到。

唯有透過清晰地意識自身行爲和情緒，從而慢慢覺察到屬於內在的陰影面向，並且不加以逃避，坦然面對，與之共處，才可以保護好心靈世界的安全，免得因內在的對抗拉扯太嚴重而無法控制，就會帶來相當大的危險性，例如在現實生活中，做出傷害別人身體、做出危險性和可怕性的事情。

接觸暗藏的陰影

要意識到內在存有「陰影」面向，是一件極爲需要勇氣的事，因其中包涵了不願承認、內疚、丟臉、無地自容，**不過這就是心靈成長必須經過的路程，更是不可缺一的步驟**。當我們在光明的通道走太久了，看不見影子裡所暗藏的陰影，所以使人經常迷失。人們需要通過接觸陰影的部分，認知是內在的一部分，接納它們的存在，而不是極力地否定，使用全身的能量把它們壓下來。潛意識的運作很簡單，你投放多少的精力和能量在哪，它的力量就往那邊跑。試想一下，就像一條橡皮筋一樣，你用多少力拉扯，就有多少力回彈。

倘若能覺知到陰影的存在，可以體驗到眞正的接納是怎樣的，同時戰勝內在世界一場多年來的戰爭，使心靈世界得到不一樣的色彩風景，更加能夠了解自己，並且更能活出自信、活

出最耀眼的自己。

在不完美中遇見最完整的自己

我們經常被綑綁在一種「我一定要夠好」的思維之中，從而再掉進「我不夠好」的漩渦裡；當你看到別人優秀的一面，外觀比你更美麗，能力比你更能幹聰明，心理就會產生比較心態，之後再往自己身上看，就覺得都是一堆「不完美」的標籤。也許你並不是不完美，只是看你跟誰比而已。與比自己劣勢的人相比，當然顯示到自己的美好，相反若是跟其他比你優秀的人相較之下，就把自己的不足無限放大。

接受現有的自己是學習照顧自己的過程，不管是陰影面向、能力方面或是外在的不完美，甚至過去所做過的事情，很輕易會認爲它們跟黑暗相距。其實並非如此，在黑暗的時光裡，我們更加容易可以看見眞實的自己，遇見那個平常不出聲，默默躲於暗處的你，沒有好與壞，只是屬於你的一部分。

這一些都是屬於你生命中的拼圖，而每塊拼圖是缺一不可的。要明白知道，從小到大的成長過程之中，不可能所有事都是完美、如安排進行的，也因不完整我們才會被慾念所掌控。唯有接納我們來自最根本的自身問題，安定下來、不再逃跑、過於掌控，就可以在不完美中遇上最完整的自己。

「若是你不懂得擺脫完美框架，將會綑綁自己一輩子。」

1. 陰影面向並非如此可怕，就因為太多人不敢面對，才造成人生裡出現一環扣一環的問題重覆翻滾。不但傷害到別人，無論如何也一定會傷害到自己。

2. 靜靜問問自己，你有在追求著成為一個完美的自己嗎？然而你所追求的完美是為了別人，還是自己呢？

第27章
猶豫不決，宇宙會幫你決定

　　人對於要更換一直以來熟悉的跑道，轉換到新環境是心存恐懼的。然而這種害怕跳出舒適圈、害怕接觸未知的恐懼，其實是一種據有慢性殺傷力的傷害。

　　有沒有發現到一件事情？每當生活變得一團糟、感到厭倦，決心想要改變現有的生活模式時，總是會有以下的想法：

　　每次都跟自己說「真的受夠這種生活了，這是最後一次。」每次面對工作業務帶來的壓力，快被壓垮時，巴不得馬上逃離，立志要辭職。每一次被伴侶不尊重、施展言語侵襲時，心想著「分手吧」。

　　最後，你會發現到這些的想法，只不過是空想而已，通常都不會實現出來。要不然就是逼不得已才做出選擇，不過不可否認還是有人真的會為自己而下定決心，一心一意想活出更好的自己，放下過去的枷鎖而採取行動。

　　難以做出改變的最深層原因是恐懼，與及被自身的思維而限制。每次它們趁著你不留意時，偷偷地潛伏在潛意識，每當你想行動時，便會派出懷疑的士兵與及害怕的士兵來攻擊你的想法，企圖侵蝕能量，使其卻步，猶豫不決。於是經常出現拖延的情況，嚴重消耗自己。原本有了追逐的方向，又不敢踏出而放棄，這種思維模式限制得太緊，不斷在內心扎根，腐蝕著

活出最耀眼的自己　166

心靈領土，使它失去了陽光的照耀。

猶豫不決時，宇宙會幫你做決定

如果你的靈魂深處渴望著幸福、豐盛、成為更好的自己，靈魂將會與宇宙全力支援安排，派出各方前來幫助生命進行轉換。而這個轉換，通常會在你猶豫不決、遲遲不行動、處於被動的時候，最為常見的。

在過去的某一段感情中，曾經經歷了一場背叛。

之前的章節也有提到，從前的我是一個外表看似很堅強，個性獨立的人。當時活在毫無意識狀態的我，自以為自己是一個不依賴他人的人；可是當進入感情裡就可發現自己的缺點和脆弱，比如會像發瘋一樣的情感索取，經常要求對方提供愛和陪伴、在愛中失去自我、總是討好對方。像這樣子的一個人，心靈世界彷彿荒廢許多年的城市一樣，沒有一個統治者在打理，同時處於不能自我製造愛的狀態之下；遇上了愛情，就像一個不懂游泳而掉進海裡的人，隨便看到救生圈，就拼命地抓住不放，害怕失去。

互相消耗的感情

在這一段感情裡，我的依賴性是非常高。由於與伴侶同住在一齊，生活上的各種大小事情，例如弄早餐、整理房間、開

車接送，這些生活瑣事都是由對方包辦的，也就形成了生活上一個不能斷捨的元素。更重要的原因是，身居在海外，身邊並沒有太多可以依靠的人，也沒有過多熟悉的家人朋友，所以更加造成一層又一層的不可分離感，生活的中心都圍繞在一齊。

就這樣隨著生活的推動下，慢慢走了三年時光。期間發生了許多生活上的衝突與吵架，例如互相看不順對方的所做所為，無意間互相出言傷害彼此；實際上已經漸漸磨滅了雙方的感情與溫度。當時的我內心有一方面是很清楚知道，這段感情是不適合自己的，陷入**再度失去自己**的感覺，另一方面又顧慮到對方為自己所付出的一切、習慣有對方的陪伴和一起訂下的生活目標，還有更深層的想法是害怕改變這一切，害怕如果失去了對方，自己會不知道用何種方式來過活。

剛才提到的再度失去自己是什麼呢？意思是指，當時的我在人生中是處於無意識的狀態，還沒有明確地了解自己，只知道內心好像不斷地在尋找，探索著有一些東西是需要填補的部分，但是就不知道是什麼，只好一直在迷宮裡持續打滾，盼有一天會尋找到那些部分是什麼。與此同時，在感情裡的我，又身處在失去自我掌控的情況，使我再度淪陷迷宮的路上，苦苦掙扎，不明白自己到底是要什麼。

雖然雙方內心深處也感到很累，更開始產生了，應否持續下去的念頭，但卻沒有人敢敞開話題討論，只好得過且過地過日子。突如其來的一天，面對工作特別累，對生活與前路感到不知所措的時刻，內心的聲音終於忍不住要發問了：「你真的

甘心，這樣可去嗎？」瞬間被這句話給打醒了。面對這句發自內心的話，我不得不承認，當時在二十多歲的階段，對未來、對未知的世界都存有好奇心。心中隱隱約約存在著一股熱情與及對夢想感到嚮往的渴求，但面對現實的一切就感到無能為力，所以只好把它們全部壓縮於心，收藏起來。雖然是如此，但因為這句話的提醒，我的心開始埋伏了「要改變」的種子。

我們的演技騙不了宇宙

我們都是自己生命中最好的演員，特別是面對那一些內心不願承認、不願看見的事，就會越演越逼真，企圖用假象掩蓋掉內心的真實想法。也許你可以欺騙自己，可見宇宙不會輕易被欺騙，反而會看不過眼、心疼你，知道你心中有所想卻遲遲不敢行動，因此派出突如其來的事件，攻打你，藉機把建造的假象摧毀。當宇宙開始轉換你的生命並且施法協助，是不會告知你用什麼方式，通常是你不會希望、不會喜歡的方式。而宇宙為我上演了一場殘酷、晴天霹靂的背叛戲碼。

背叛顯現了問題的存在

事件突然地發生，肯定是難以接受、內心狀態顯然兵荒馬亂，不知所措，常常問是不是自己做錯了什麼？當然也很憤怒、痛苦，抱怨為什麼要遇到這種事？每當人遭遇到巨變時總

會問「為什麼？」很想即時得到一個答案解釋。其實我們當下並不是真的想得到一個答案，只是想要盡快逃離內心那種痛不欲生的折磨；即使當下給予了答案，你也未必會接受的，除非有一天你準備好「接受了」。

這件事情的確對我影響極深，一度使我更加迷失自己，但同樣正因為我的迷失，在迷途的過程中，被喚醒了。假裝關係一切正常，對自己說的謊言，掩飾的假象，都在感情背叛這事情中拆卸了，同時那種拒絕看見，拒絕相信事實，與及內心深處的恐懼，再也無法隱瞞，已坦蕩蕩暴露出來了，逼使你不可再活在自欺欺人的生活裡。

這聽起來好像是很殘忍的一件事，面對突發性事件已經使人無奈、不願接受，承受著撕心裂肺的痛，還要直白地凝視內心的裸露，當下確實是痛苦的。雖然如此，但在未來的時間，定必明白這是讓心靈、精神層面得到解脫，通往覺醒過程的道路。

凝視內心

這件事件對當時的我打擊很大，雖然時間有慢慢過去但還是殘留有害的種子；所以在踏上療癒身心的旅程後，再為這事情做出清理。而現在記載著這件事情，是憑記憶，當中太多澎湃情緒已從療癒心靈的過程中釋放了，心靈也減輕許多負擔，可騰出空間裝載幸福、快樂。

其實很多人都像我這段感情一樣，明明已經知道自己內心的真實聲音，但基於恐懼，害怕踏出舒適圈，反而使自己活在謊言的假象中，才讓自己製造之後不斷的痛苦。也許你會好奇想問：「你現在會不會還生氣、怪責對方的行為？」我的答案是沒有，相反我還感謝對方所做出的決定（當時想過復合但被拒絕），通過這件事情，坦白面對自己的心聲，為我的覺醒之路開幕，造化了如今的我。說實在，即使今天不是別人的介入，感情也不會走太遠；問題遲早出現在哪一天。除非我們受夠了痛苦折騰，願意為自己站出來，繼而行動，才可終止雙方的痛苦。**盡早覺知，離開不對勁的感情，避免消耗能量，磨滅最美好的自己。**

毫不留情的領悟

風暴來臨前，不會經過你的同意，就會直接進入你的生命。雖然看似毫不留情地摧毀你，但是一切跟雨過天晴一樣，雨後會現彩虹的。把每一個階段的你捨去，方可進入更高層次。那時候的你不再是你，而是重生的你。

心靈探索空間

1. 愛是最容易驅使情感流動，也較易使人失控，而且最有機會觸碰到深層的恐懼，恐懼失去愛的幸福。當感受到被恐懼所占據時，請冷靜並保持覺知，從心探索自己的恐懼來源是什麼？這樣不但有助改善與伴侶或他人之間的關係，更可透過覺知跳出慣性思維模式。

2. 大多數的人認為自己的命運已被訂下來了，只是源於他們對自身充滿很多的限制，造成了不敢為自己爭取幸福，也不敢相信自己有能力可以過上幸福與快樂的生活，所以就會輕易放棄。倘若如此多的限制沒有被我們覺察到，那麼我們就終日活在毫無覺知的狀態中。如此說起來，潛意識就像開著一台車的司機，它知道目的地是哪裡，我們卻不知道目的地在哪裡，只是盲目地被乘載著。

單元5.
療癒心靈

第28章
吃藥的故事

從十幾歲青少年開始，皮膚問題就困擾了我人生長達十幾年，而這問題就是臉上總是長滿青春痘。這件事情對我是很困擾，畢竟對於一個女生來說，外表是非常重要的，也是自信的來源。每當看到別人臉上皮膚總是光滑，臉上沒有像我這樣長滿了許多又紅又難看的痘痘，內心就會特別覺得自己很醜，繼而產生沒自信、自卑的情緒。

為了讓自己變得好看，擺脫醜陋的樣子，多年來嘗試了許多不同方面的方法，可惜都沒有太大的成效，不能完全根治。

隨著歲月流逝，這個問題一直反反覆覆地發生，直到我二十八歲那年，發生了轉變。由於那段時間因為獨自一人在國外面臨著所有生活小事與大事，生活壓力相當大；變成情緒方面所造成的壓力也相當高，加上不善於處理、釋放情緒，讓我臉上的狀況變得越來越差，開始長滿了又紅又腫的「玫瑰瘡」。不管我看中醫、去美容院，飲食方法作調配，都沒有讓情況好轉，因此心情就變得更加沮喪、失望、焦慮、緊張。

記得有一次經朋友介紹之下找到一位中醫，需要為我使用針灸放血來治癒，把身體的毒素釋放後看會否讓情況轉好。當時我的內心是很害怕，也很不願意這樣做，但是為了讓自己好起來就忍耐嘗試了。在做完針灸後，離開診所，頓時感到為什

麼自己會這樣，於是跑出很多想法，心情一度陷入絕望之中。

　　雖然嘗試種種方式都不太有改善，但是當時的我心裡的深處不願放棄，還是相信自己會好的，所以沒有就此放棄。

轉變的機會來臨了

　　有一天機會來臨了，在朋友的介紹下，我遇到一位皮膚科的醫生。雖然我多年來也看了許多西醫，可是都沒有辦法根治；但是這一次我就抱著「不能放棄」的心態再嘗試。其實一般人經過多次的嘗試，會對「新的嘗試」已產生了既有的想法而不願意再相信，甚至放棄了。若是當時我沒有啟動那顆「永遠不要輕易放棄的心」也許就不會有之後很多個生命轉化的故事了，所以當時的決定是正確的。

　　當天我與醫生會面的，他建議我服用一種治療皮膚的藥物（A酸），能夠幫助我完全治療困擾多年的痘痘問題，但就需要服用時間較長，差不多快一年，而且服用這藥物期間會帶來不同的副作用（各人情況不一樣因此不在這透露太多藥物資訊）。聽完醫生建議的當下，我沉思考慮一陣子；本來我是一個不喜歡服用藥物的人，而且這次還會傷害到身體和有不同的副作用，應該怎麼辦好呢？面臨當下這個難題，真的不知道如何選擇，但爲了可以好起來，眼前的機會，加上這位醫生給予我的信任，最終我選擇接受和挑戰這次機會。當我做完這個決定之後，離開診所，我信心地跟自己說：「你一定可以好好地

挑戰成功的，沒事的，身體會陪伴你一齊打勝這場仗的。」
（到現在我還記得當時的信心）

自我暗示

　　那時候我並不知道自己正在使用了自我暗示與潛意識溝通，以潛意識的運作角度來說，不論一個人的意識或推論相信什麼，潛意識都會接受並接照指示進行，它並不會質疑當中的訊息是否對與錯。

　　什麼是自我暗示？它可以被定義爲：「將想法深植於自己的潛意識裡」。也就是說，今天你所相信的、接受的想法或信念，都會透過自我暗示或是他人的暗示，直接產生效果，因此絕對不容忽視自己所存有的思維、想法、信念，對自身影響存有巨大威力。

接二連三的挑戰

　　服用皮膚藥的這一段時間裡，新挑戰彷彿接二連三來臨到生活，其中包括面對平常很怕的抽血，由於服用藥物後需定期檢查肝的指數，所以就要抽血檢驗。另外皮膚變得乾燥也是一種辛苦的考驗，由於每星期會固定跑步和健身3-5次，所以每次運動時，流出來的汗水沾粘到整身的皮膚，讓人非常不舒服，猶如在傷口上撒鹽般的感覺。除此之外，飲食也需變得較

爲清淡，連平常愛喝的酒也要暫停。

　　開始任何新的嘗試都意味著需要做出改變，而開始改變原來的習慣往往是有難度的，但只要跨過第一道障礙，就已經克服了一半的困難了，持續努力下去就行。迎接著各種變化的挑戰，雖然剛開始很不適應，但是爲了實現目標，讓皮膚好起來，就抱著信念堅持下去。

一天是天堂一天是地獄

　　雖說堅持下來，可是有一件事情是使我極度難以忍受的，就是藥物所帶的副作用會影響情緒。隨著治療過程開始後，藥量漸漸增加，我的情緒起伏變化就越來越大，像是進入抑鬱的狀況，每天都會感到心情低落、悶悶不樂、經常感到很想哭但又不知爲何而不快樂。情況可以描述爲現在這一分鐘是開心的，可是下一分鐘又會變得很抑悶、意志消沉，當時的我形容這種狀況爲「一天是天堂一天是地獄」，意思是今天可以很快樂，相反明天就會莫名其妙的不快樂。

　　從小我都不太懂得處理情緒，只會一併把它打包壓抑在內心，不懂得如何去解放；可是通過這次吃皮膚藥的機會，讓我的情緒、心靈世界完全崩塌了，內心所有從小到大所壓制、各種傷害和傷痛所產生的情緒，終於有機會趁虛而入浮現到意識狀態，盡情爆發。

如雷擊頂的提醒

剛開始的我還是使用舊有模式，試圖想要把情緒壓倒，想要打倒它們。

後來我發現越是掙扎，越想逃避它們，反而讓它們更有力量去打倒自己；經過一輪掙脫後，心已疲憊了。有一天晚上，我的情緒又來了，這次非常高漲，哭了很久，內心抑悶的情緒讓人說不出話，更不懂得自己可以做什麼，唯有無奈地給自己哭吧！突然間腦海裡，傳來一段話跟我說：

「你真的想要這樣對待自己嗎？為什麼你不選擇放過自己呢？」

當時的我接收到這句話，彷彿如雷擊頂的感覺，房間周圍的氣氛都靜止了，就是這樣腦海的高我，把當時的小我給打醒了。終於意識到自己一直掙脫著情緒給予我的困擾、痛苦，可是為什麼我從來沒有想過要接受它呢？

接著我問自己：「如果我從現在開始接納它，又會如何呢？」

那天晚上被高我打中後，我的態度就跟隨轉變了，選擇去接納我的所有情緒。

最後我順利完成了這次痘痘治療的挑戰，也把皮膚治好。

後來經過一段探索自己的旅程後，才對當時的自己有了更深入的了解。其實心情、信念是非常影響身體的健康狀態的，如何看待自己也是直接對應到身體的反應或是所產生的症狀。

現在回看這段人生故事，心中除了充滿許多感恩之情（在往後章節提到），還明白到最痛苦的選擇，往往是幫助我們得到最大的成長。

心靈探索空間

1. 可能你會好奇地問，為什麼服用這藥的過程帶來許多副作用都不放棄？仍然堅持下去？每個人的身體狀況是不一樣的，除了聆聽醫生的建議外，同時相信自己是很重要。在整段過程中，無論遇到多辛苦、難以忍耐的時候，我都沒有選擇放棄。原因很簡單，正如那天做出決定後，步出診所，跟自己所說的話。

   「我相信我的身體會陪伴我一齊打勝這場仗。」

2. 如果你不知道什麼是「相信自己」，那你應該懂什麼是相信別人吧。

   就用相信別人的態度，來相信自己，那你就懂得什麼是「相信自己」。

第29章
一場兩小時的情緒大戰

在前文有提到因皮膚問題而服用藥物治療，也因藥物所帶來的一些副作用，荷爾蒙受影響，導致情緒容易起起落落、經常陷入低潮狀態。開啟了這段旅程之後，發生了許多個不同的故事，其中一個故事，到如今想起依然津津有味，內心散發著熱血沸騰、被受鼓舞。

從低潮變得津津有味

在那一年九月份的某一天，還是服用藥物的期間。說起來為何會記得那麼清楚呢？

原因是這一天對我而言非常深刻，遇見了一種令人敬佩的堅定精神。

那一天很早起床，一抬頭就看見外面的天氣非常美麗、晴朗，讓人看了就是有一種喜悅、有希望的感覺，於是我就趕快下床，去梳洗，準備想要出門走走。

當我梳洗好自己，衣服也換好了，就在那瞬間心情又開始惡化，變得不太想出門，頓時心中洋溢著滿滿的悲傷、低落、感到世界灰暗（明明外面天氣非常好），簡直是憂鬱到一個極點，剛才興奮地要外出的精神都消失了。

活出最耀眼的自己　180

於是坐在房間裡，突然就感到眼眶濕濕的，無端端流起眼淚來，情緒大門又打開了，接下來的狀況就像暴雨般地灑落，不斷哭泣，好像內心有無盡的悲傷、難過、傷心，還有一些是說不上來的情緒圍攻我（當時對情緒感知是很淺），使我無法抽離。

如果要解釋為何心情突然轉變？應可說在那段期間被感情的事困擾著，除此之外，當中明顯地感受到有更多莫名其妙的情緒出現，卻不知道是什麼原因。

等待以久的時機來臨了

許多潛伏已久的情緒，積壓內心太久了，等待著一個機會或是時機來發洩，而這次就是時機到了，所以巴不得趁機跑出來搞亂。情緒失靈的那一刻我很想控制自己不要再哭，趕快恢復正常，很想趕快出門，不過我卻做不到，越是想掌控越是更無力；面對這種情況更讓我失控、崩潰。

在這裡加以解說當時的內在狀況，外在的結果呈現了失控的哭，然而內在的我又想加以控制，想把外在呈現的崩壞狀況趕快修理好。那時的我雖則虛弱，但自我還是很強的，心想從前的我都可以把自己的情緒控制到，不在別人面前輕易釋放，可是為什麼今天就是做不到？隨即引爆出潛意識裡更多負面想法、自我批判、責備。例如感到自己很沒用，為何連自己的事都掌握不住呢？很討厭這樣的自己。就這樣子，我把自己牢牢

地困在情緒監獄中，嚴重陷入沮喪憂鬱之中。

一場兩個多小時的情緒大戰

這場內外崩潰的大戰，維持了快兩個小時，身心內耗得很疲累，在我不知道如何是好的期間，只好帶著哭累的心，坐在床上發呆。

坐下來之後，情緒微微受控，隨即回憶起過去的人生中，唯一支撐我的動力是什麼？每次當我要放棄自己的時候，總會有一股內在聲音告訴我：「**不要放棄，堅持下去，想辦法幫助自己。**」由於重新喚起這股精神力量的到來，突然間想起那一晚有關接納情緒的領悟（前文提到的），於是立刻轉換心態，以接納的心陪伴哭泣的我。

這是第一次我真正做到，不再控制澎湃如洪水猛獸的情緒，放任讓它們進入身心，學習並體會「臣服當下」。幾分鐘過後，我發現試著以不對抗，不抗拒的方式，反而讓我失控的狀況穩定下來了，慢慢平穩了。

當時我還拍了兩支小影片送給未來的自己，「如果未來有一天再感到氣餒、想放棄的時候，就看回這一天的影片，看看當時的自己是如何接納當下的困難。」

在這故事往後的未來，當我遇到人生極度難捱的時間，再次回看這段影片，深深被當時的我所感動、激勵起來。原因是我看到一個人明明情緒狀態已經崩塌了，可是從她泡著眼淚

的眼睛裡面，看到一個人的頑強、永不放棄的精神，即使她獨自面對精神崩壞的折磨，仍然是笑著對自己說：「放棄是一件很容易的事，放開便可以了；相反要堅持一件事，就比放棄難好多倍。今天你可以選擇就此放棄，不過未來再遇到同樣的問題，又是否選擇放棄呢？」

最終她堅定不移地選擇面對、學習如何處理情緒問題。

這段故事，無論是過去或是現在的我，都非常欣賞當時的自己，也很感謝她的付出和堅持。回想那種情緒崩塌的痛苦，真的一生難忘，雖然面對如此巨大的痛苦，但是並沒有選擇放棄，仍然把勇敢的精神發揮得淋漓盡致，迎接困難的考驗，正因如此，開始相遇了許多個轉變的契機，今天我才可以完成這本書。

心靈蛻變的管道

當我們落入情緒的谷底，只要抱著一顆體諒、接納的心並扶持自己，接下來便是一條上揚的道路。那時候的我看似失控、崩潰了，卻不知道這也是治療自己的過程，是重新連結自我的部分，呼喚了積壓以久卻無法舒坦的情緒、凝固的淚水，將它們在這個適當的時機裡釋放出來，盡情吐出悲慟。由於我們的感知、覺知都被麻痺了，生命為了使我們從烏雲蓋頂中覺醒起來，並學會愛和珍視自己，便會讓痛苦難堪的經歷喚醒靈魂，開啟與失修多年的心靈世界，進行探索聯繫，與久違的自

己展開對話。

每一個人生階段，都是成長裡的一個嶄新蛻變。

也許對於正在經歷人生低潮，突然變得一無所有、失去自信、害怕未來、感到無力重新出發的人來說，如今非常痛不欲生，日子很難走下去。

曾經我也有過這些想法，如果沒有這一些痛苦經歷會怎麼樣呢？痛苦就會減少嗎？後來潛意識發放出它無比智慧讓我領悟到「**人生裡的每個困難，都是當下的你有能力面對，才會進入你的生命，它是來幫助你，並非害你。**」

不同時段所發生的事，是生命要傳遞某些訊息與智慧給你。於是會透過那一些表面看似不幸運、倒楣、非常糟糕的事作為傳遞的管道，來達到心靈層面的成長，如此一來，就能深入攻占心靈世界，打開覺知之門。

心靈探索空間

1.生命裡的每一個你，都是爲了成就更好的你。

遭遇到人生巨浪的時候，緊記面對的心態、當下的應對方式是一個重要關鍵；如果事情對於自己來說實在難以消化，就給予身體，心靈休息，像我這個故事一樣。

臣服當下的狀況，覺知當時的想法和情緒，並加以接納自己的變化、脆弱。

平常自我的盔甲穿得太厚重了，這就是時候讓你卸下它，坦蕩蕩地做回自己。

第30章
我不知道怎樣跟自己相處

　　我非常深信每個人所擁有的潛能與資源都是無限的，而潛意識也會在苦難之中，得到力量的釋放，促進我們品格的發展。也因為在每一次的困難當中，我們的意志力被提升了，本應是件值得高興的事情，不過我們就把它視為一種硬撐的工具，過度使用。

　　往往在不幸的事件，挫折、困境接踵而來時，我們就毫不理會身心狀態，背起痛楚，承受苦難，執意要打倒困難；越是想壓垮它們，越被弄至一蹶不振。我們都了解到面對困難是一件理所當然的事，可是我們的情緒又可以往哪出走呢？

每個念頭都有力量

　　在中學三年級，那時候的我對身邊的事物缺乏感受、麻木，更不想理會太多的事情（對生活缺乏希望的人），所以通常做什麼事情或參與什麼，對當時的我而言都沒有太多印象與太大反應。可是有一件事情是使我印象很深刻，也未想過它會在我的生命裡實現出來，所以在這裡勸告，好好管理你的思維想法，每個念頭都有力量的，不管是好的事或是壞的事情。

　　曾經有一次課外活動是參觀一家精神病院，我在參觀的時

候，雖然只是遊覽院內的設施、設備，並沒有接觸過院內的病人，但基於好奇與同情心，心中跑來一個想法：

「不知道精神崩壞的感覺會是怎樣呢？」

只是幾秒的念頭，就在十多年之後降臨到我生命，更一度體會到那是一種什麼感覺。

這是一段長年累積下來沒有清理自己內在的後果。每一個結果都由因而產生，因與果之間的關係息息相關，緊密聯繫因而創造實相。

面對失控的自己

不知道在看文章的你，有否嘗試過不知道如何跟自己相處？感到很焦頭爛額、煩躁？

如前兩章細說的經歷，剛開始的時候，我真的不知道如何跟自己相處，面對著心情反反覆覆，真的很討厭，我討厭那種無法能控制的心情，討厭每天看到自己哭哭啼啼的樣子；有時候更是需要朋友來陪伴，陪我聊天才可減輕這種痛苦。

對於以上的事情，我顯得很不耐煩、煩躁。我本身是一個外表看似堅強，但內心脆弱並且心不強大的人，習慣事情都是自己來解決，不喜歡麻煩身邊的人，更不希望他們為我擔心。造成很多時候，都會拿出我的硬撐本領，試圖獨自一人面對困難，包括所有的憂傷、情緒失控。

面對整個過程，實在是一種煎熬，因為那一些情緒總是來

勢洶洶，連通知也來不及；就像是一台失靈的車子，橫衝直撞地在馬路上奔馳一樣。事後我才發現，其實那陣子的我已經有抑鬱的症狀，是我並沒有意識到要看心理治療，只是剛好被這次服藥的事件所引發出來。那一陣子，每當情緒發作，連我也很害怕遇到這樣子的自己；幾乎從沒遇過，不知道怎麼辦？另外心很慌亂，不知道可以拿面前這個失控的人怎麼辦？一直試圖想出任何辦法來阻止失靈的她。

走過低潮的最好良藥是陪伴

從來沒有預算過因為這次選擇，轉變了應對情緒的方式，更在過程中得到了精神、心靈層面的成長，**同時我學習到兩種方式的陪伴，解決不懂跟自己相處的問題。**

第一種陪伴的方式是來自於朋友。基於當時我身居澳洲，加上一直以來都不會跟家人提說情感或交流自己太多的事情，因此情緒失靈的狀況也只有身邊的幾位朋友和同住的朋友知道。前兩文章有引述說我有一股永不放棄的精神，所以看見眼下的自己就想：「如果我再把自己封鎖起來，不讓身邊的人為我分擔，難道我是想逼死自己嗎？為什麼你不願意接納和拒絕別人的關心？朋友也是可以依賴的。」

隨後我的心鎖打開了，向身邊信任的朋友傾訴自己的感受，接受他人給予的關心、溫暖、陪伴並且照顧我。雖然大多數的時候，我會依賴自己的力量為先，但是朋友的陪伴使我明

瞭「原來是可以依賴外界的人，接受關心我的人，其實是一件幸福、溫暖的事。」人類是群體性動物，在互相合作的狀態下，會使大家的能力發揮到更好。

這次事件更加證明了，也讓我與朋友之間有了深度的心靈交流，擴充彼此感情。每個人都可以成為任何人生命中的一盞明燈，只要我們願意放下枷鎖、接納外界的溫暖和陪伴，光明道路就顯而易見。

第二種陪伴的方式來自於自己。我看過這樣的一句話「每個人到最後都是只有自己」，的確是這樣。人到死亡的那一刻，陪伴到最後的人都會是自己。即使身邊有親朋好友、愛人，可是生命並不會每一刻都能找到人陪伴的。在這次深刻學習到，面對情緒的來勢洶洶，就應該放任和接納它們，同時充當自己的朋友、精神導師、愛人，陪伴自己渡過黑暗的時期。這份陪伴既是深厚又力量充沛，將是最大的後盾、力量泉源。在困境的時期，陪伴更是為你擔任發放溫暖、包容、接納、擁抱的角色。

與其苦苦等待一個救你的人，為何你不來擔當這個角色呢？

歷練激發潛能

曾聽過已康復的抑鬱症人士分享「能在憂鬱中復原的人，感到宛如重生」。當我身陷情緒折磨的痛苦之後，更加體驗到

這句話的深度意思。除了藉由經歷這段情緒失控的日子，釋放大量的負面情緒之外，對生命與自己也有了不一樣的看法；過去總覺得生存沒動力，但其實一直以來都努力活著，只是我不知道。在這段不懂得如何跟自己相處的日子裡，最大收穫是學到陪伴與及接受陪伴。

在苦難中，更加明顯感受到潛意識的潛力。曾看過一段星雲大師的文章「當初佛陀開悟的時候曾說：大地眾生皆有如來智慧德相，人人皆能成佛。人都能成佛了，還有什麼不能呢？所以每個人都有無限的潛能。」在面臨人生困難、與內在戰鬥、面臨疾病的時候，是最能看到這股力量的顯現。

心靈探索空間

1. 通過漫長旣崎嶇不平的過程，面對各種情緒起伏，更與多年未見的內在小孩展開對話，這一些是重組心靈世界，遇見自己的重要歷程。

2. 陪伴自己的時候，發揮一下深藏不露的想像力，想像有另一個旣溫柔、能包容、能傾聽、有同理心的你，擔任朋友、愛人、精神導師，陪伴著你，不需要說什麼，只在當下靜靜地守候著，陪同情緒的流動。

3. 我們不願意接受他人的關心，源自於過去的影響、內在的恐懼，害怕一旦依賴他人之後，若是失去了，會變得驚慌失措，沒有安全感。深思一下，你不願意接受他人的關心是因爲這樣嗎？還是有別的原因？

第31章

從沒愛過自己也是一種痛苦

有遇過這一類型的朋友嗎？很喜歡談戀愛但總是在愛情裡碰壁；每當失戀的時候，總是下定決心跟自己說「下次無論如何，我都不會再輕易喜歡上別人，讓自己再受戀愛中的苦楚。」可是隔一段時間，又有了新的喜歡對象，頓時就把之前的「決心」都拋棄了，依舊掉入「與對方不合」，「被對方拋棄」的重覆模式裡。

講到這裡是否立刻點頭並想起身邊有這類型的朋友，又或者自己就是這一類的朋友。

無論是當事人或是旁觀者也好，相信一定是有某程度的覺知，知道深深被陷入泥沼裡，好像如何拯救自己，卻徒勞無功，過程就像成癮一樣，只不過是對愛情上癮。

脆弱無力的初期

在之前的章節有提到感情背叛的經歷，當時的我從沒有想過那段超級不愉快的經歷，竟然在未來造化了一個接一個的小插曲出來，推動我成為更好的自己。

那段時間經歷背叛所帶來的打擊，心中載滿了傷心、悲傷、沮喪、憤怒，一度陷入絕望中。每天不知道醒來的目的是

爲了什麼，對人生更是失去希望，感受不到快樂是什麼，心彷彿是一種內在被掏空，痛到麻木和失去感覺，整個人猶如行屍走肉般活著。

雖然每天醒過來會感到對生活的無力，更不願感受內心那種痛苦的脆弱感，可是我還是能感受到身邊朋友對我的愛，不同的人對我的關心，一份又一份的溫暖，在當時爲我輸送滿滿的正向暖流。在那段時間，沒有工作一個多月，放縱地讓自己休息，好像把從前的「堅持」都放下了。平常總是堅持著自己在做的事情就必需完成，有工作就需要上班，不可以把日子空下來；**當時是首次感受到內在有一種可以允許自己把所有事放置一旁的想法**，只想呆著，暫時什麼都不想面對，准許自己暫時性逃避。

雖說那個脆弱無力的我，對什麼事情都不感興趣，但我還是有強制自己重拾運動的習慣。內心有一股很強烈的信念告訴我，這個舉動是「爲了你好」，所以就啟動自己。當然現在回想起來，確實如此，未來的我眞的非常感謝當時的信念，慢慢一步一步從重創的狀態中恢復過來。

低潮還未見低，仍然往下滑

通常精彩的故事情節，總會描述主角從低潮裡爬起來了，接著故事就往美好的方向走下去；可是在我的故事裡，事實並非如此。雖然勉強地把自己從深坑中爬起來，只是爲了要先支

撐著自己，明白到日子還是需要堅強地過活，需要振作。

　　理性層面是這樣想，不過內心仍然是很努力地接受獨立的生活，很努力地找事情來做，希望可以忘記那些讓人傷感既不快樂的事情。

　　在夜深人靜時，寂寞的感覺就會跑出來打亂，而為了不想面對與承受此事一再打擾，於是常常壓制所有情感；可是越是壓抑，空虛感便會以雙倍的方式侵入心靈世界到處破壞。

　　由於身處在海外，那份心靈無法被餵養的寂寞、空虛感，越滾越大，再加上之前遭遇的感情事，簡直是嚴重迷失自己。對於感情更產生了「不相信」，也因為這份「不相信」而染上了難以抽離的「愛情毒癮」。

看似錯得離譜的故事

　　在失戀之後的一段時間，剛好那時開始流行玩交友軟體，然而透過身邊朋友的鼓勵下，就嘗試接觸玩交友軟體，希望可以認識到新朋友或是新的對象，從而打發時間、轉移專注力和排解寂寞感。

　　在接觸的過程中，發現原來跟不同的人聊天互動，內心會產生一種微微甜蜜的曖昧感，使你感受到被別人重視，被別人愛惜，沉迷於甜言蜜語的假溫暖之中。

　　就是這樣，我就陷進了這股假象的泡沫裡，深深被迷倒了。在聊天的過程中，不斷在測試對方到底是不是真心，同時

心底裡頭好像要向自己證明，「愛情還是可以相信」，卻沒想過這是在玩火。

　　剛開始的互動只限於交流軟體裡，後來更是進展到與對方出來約會，作初步的了解。接著更做出超乎想像的嘗試，是從前的我絕對不會做的事，就是一夜情。對我而言，這就像一段染上毒癮的過程，在過程中內心的起伏波動是非常非常複雜，明明知道是不應該、不可以，卻偏偏放不了，彷彿一股強大的魔力在推動著，難以掙脫。

　　雖然沒接觸過毒品，但卻在愛情的毒癮發作時，能夠非常深切地體會到上癮的感覺，那是一種當事人無法自拔、走火入魔的狀態。我就這樣深深陷入感情的溫暖泡沫裡，讓愛情浸透了心，並且把所有過去的守條也拆卸了，不再局限自己。當時心中是有種想法，反正過去的愛情都並非如自己所想所期待的那樣，為什麼需要那麼認真呢？不太認真就不會受傷，也不需要承受痛不欲生的苦。（其實當時內心在逃避中）

　　另外，當你越在交友軟體的世界打滾，就會發現越來越多只是想要玩玩而已、不認真的人，也因此再次加深了「愛情是不可相信」的這個信念，同時也在摧殘著原有的價值觀。

假溫暖的毒癮

　　剛才不是提到說這過程是很複雜嗎？

　　原因是內心有一方面是了解到即使對方跟你的互動，給

予你的溫暖是多麼的虛幻，明明知道是不可信的，卻又不自覺的一次又一次地再次「相信」。結果到最後又換來了「再次見證愛情的不可信」，同時也看到不少人是如何背叛愛情的，由此觀之，接觸太多負面經驗，產生了定論並且相信「愛情不可信，抱著玩玩的心態應對就好了」。雖說如此，當時的我淪陷於溫暖，有人陪伴、關懷、被愛的泡沫中，實在難以自拔，更無法輕易抽離。就如文章開始提到的那一類人一樣，告訴自己下一次不要再次投入了，卻又不小心地投入了真情感，希望藉由這樣可以停止心靈的混亂不安，以及那種無法用言語形容的空虛感。由於內心的空洞長期無法填滿，如今遇到的假溫暖，正是它想獲取的，一度使情況不受控制，如像染上愛情毒癮。想離開卻離不開，到處錯尋感情的寄託，明明不想卻控制不了，於是變得越來越討厭自己，不懂得更不想面對這個失去了自己的人。

你這樣快樂嗎？

後來有一次把我狠狠地打醒了。那次是跟對方約出來吃飯，本來只是當作是陪伴、消除寂寞感，打發時間的手段，可是卻在過程裡發現跟對方也頗有感覺，於是又發生了關係。再這結束之後，我走到洗手間，看到鏡子的我，整個人呆滯了；那一刻內心深處的靈魂已經看不過眼，要跑出來罵人了。

非常記得當時從潛意識裡傳來一條問題，「你這樣快樂

嗎？」聽到這條問題的瞬間，不自覺地眼淚一顆接一顆地掉下來；接著再傳來內心的聲音，告訴在哭的我「其實你這樣做會使自己更不快樂，為什麼要這樣踐踏自己呢？」

聆聽完這一段心聲後，猶如被說破了、無處可躲，眼淚就抵擋不住地掉下來，撕裂地盡情大哭。我一邊哭，一邊覺知到一件事情，就是「這一切夠了，要結束」。

這一晚之後痛改前非，確實沒有再接觸有關交友軟體的訊息和互動，因為心裡非常明白地知道，自己需要的東西，如果一直在錯的地方尋找，當然是一直尋找不到，只會不斷遇到錯的人。**因為深深地被喚醒了，終於有意識要「愛自己」。**

故事看到這裡還沒有結束，更往下的章節有更貼進內心深處的轉化。

在這裡也得補充一下，雖然在我的過去曾經接觸感情的管道與方式是遇到不對的人，但並不等於說所有玩交友軟體的人都是不好或是有壞的結局，我也曾聽說一些真愛的故事，所以並非方式不好，而是在乎人們是如何使用它。不過在這裡也溫馨提醒一下，在認識新朋友與交友的前提，請謹記要有自己，畢竟現在有太多人透過交友軟件來進行許多不法、詐欺的事件，所以一切需要提高意識，好好保護自己為重要。

在這世界上，有許多不同的人也跟這段時期的我一樣，迷茫、深深溺斃於感情的假溫暖，越是想爬出來卻越是爬不出來，苦苦掙扎。假如遇到這種狀況的話，先不要急躁為自己作什麼決定或是再作更多的行動，否則只會像我一樣，不斷陷進

泥巴裡。

　　但是你可以為自己做一件事情，就是放空自己，散步走走，與自己獨處，靜靜陪伴自己；然後耐心等待及聆聽內心最深切想讓你知道的感受。當你聆聽到內在的聲音之後，再問問自己：「現在的你快樂嗎？」，這就是最真實的答案。

喚醒你的覺知

　　在打著這段文章的當下，其實也在猶豫問自己：「真的要打出來嗎？別人會不會評論你這段過去？這樣一來，在別人的形象可能會打破，你不怕嗎？」

　　老實說，是真的有擔心一些親朋好友，看完這一段經歷後會如何想我，又或是在背後會怎樣指指點點。不過在深深思考的時候，突然就讓我在生活中，遇到一位小妹妹，她正在經歷當年的我，所經歷的那種萬劫不復的痛苦循環，明明知道很痛苦卻走不出來。接著我的潛意識就傳遞了一個訊息告訴我：「你把這段故事說出來吧，也許因為你的分享可能會為你帶來負面的評價，相反地也可以為一些正在經歷的人，獲得到一個出口，一份溫暖，一份陪伴。」

　　除此之外，我還問自己：如果Jade的精神出來，她會分享這故事嗎？答案是Yes。

1. 愛情經常使人進入糊裡糊塗的狀態，特別是內心的水杯越是匱乏，心就更迷失。我們要懂得分辨空虛飢餓與真愛之間的分別，像上述分享的故事，我就是空虛飢餓，所以迎來的就不會是真愛，只是虛情假意，到頭來反而傷害自己更深。只要坦誠面對自己，不要企圖再欺騙自己，就辨識到自己的實際感受。

2. 愛情是人生路上總會遇到的，而在其中會與不同的人相遇、相愛，也許未必能夠陪伴你走到最後，但他們會是你人生中一起上過課的過客。只是課堂上完了，該到各自畢業的時候，才會走上不同的道路。一起走過的路並不是白費的，不需要過於執著，也不需要過度沉醉昔日感情。**當一個人的心活在過去裡，是看不到現在幸福的來訪。**

第32章
一段面對自我的旅程

　　潛意識深藏各式各樣的資訊，除了儲藏從小到大的記憶，更擁有無可預測的潛力之外，還住了一位智者，而這位智者是我們的內在指導者。有時候我協助個案進入潛意識的寶庫裡尋找資訊或是探查問題的根源時，便會找出這位智者出來協助個案。這位智者在每一個人的心中都是不一樣的形象的，有一些人可能是老人家、女神、動物、精靈、水晶球等等，當中不需要質疑或執著形象是如何，重點是這位智者肯定是知道你的一切，更充滿了人類長久以來的智慧，定必可助你解開生命不同的迷茫。在以下分享的故事裡，當時我並不知道原來那個時候；潛意識的顯化，宇宙安排的覺醒，一切正在運作中。

　　就如前文所提到的內在混亂、缺乏安全感的狀態，造成了外在多場失控的場面。

　　面對著眼前這個我，變得不熟悉、陌生，顯得分外地討厭；除外更深層的部分是難於接受自己的行為，不願意相信眼前的我是那麼糟。面對如此這般複雜的心情，加上當時內在能力單薄，無法招架，就放一旁，先迎接生活上的瑣碎事情較為重要。

　　就這樣過了大半年之後，我為自己計劃了一段獨自的旅行，跑到黃金海岸進行三天兩夜的假期。雖然那次是第二次獨

自旅行，可是這次是特別不一樣，獨自一人旅住在渡假酒店裡，面對陌生的環境，那一刻突然覺得心中的孤獨感、加上感情方面所造成的難過、傷心，瞬間跳動起來，隱隱在心中刺痛著，好像被強烈的無力感拉扯著，我又再次沉醉在負面情緒的漩渦裡。

當心準備好的時候

在這三天裡，我讓自己休息，少看手機，少接觸朋友，放空腦袋，放鬆自己，看書，藉此機會來面對自己的心，接觸心靈的世界。也因為心準備好，坦誠的機會就來了。

第二天的晚上是最為深刻的。那一天的白天，由於保持接觸外界的事物，從中感到新鮮，好奇和特別，弄得心情頗愉快的。可是到了晚上又被寂靜的聲音包圍著，心情越來越波濤洶湧，當時心中跑出好多雜亂的想法：

「是不是我不夠好？別人才不要我？」

「是不是我做錯了什麼？為什麼每一個接觸到的人都不是真心？」

「為什麼說我好卻又傷害我？」

「都是我不好所以喜歡的人才不喜歡我……」

一旦被思緒圍堵，腦袋裡的吵雜聲音會越來越大，誓要吵致你無法忍受。此時情緒彷彿崩塌的堤壩一樣，從心靈狂奔出來，想擋也擋不了。

心想也許藥物的副作用又來了（第28章所提說的），既然之前都學習到如何面對它們了，如今就如實地迎接、感知它們是什麼，觀察它們如何操控我的思緒，就可以了。

　　當決定了如實面對情緒高低起伏的同時，眼淚就不自覺地流出來。

　　由於獨自一人在這房間裡，不用怕會影響到旁邊的人，更不用怕被看見失控的自己，所以可以安心地大哭出來。就這樣放任、坦然地嚎啕大哭時，突然間，潛意識的深處跑出了一句智慧的話：「其實導致這般痛苦折磨，傷心難過的局面，都是你一直不斷給機會別人，並非完全是別人的責任」。這一段話的威力強勁，直接打破了一道又一道厚實的心牆，**逼使我不得不在糊里糊塗的假象中完全地清醒過來。**

潛意識深處的幾條問題

　　當接收到這句話，隨後從潛意識裡又傳來問題，想要問正在哭泣的我：「你真的覺得全部都是別人在傷害你嗎？如果你不給出這個機會，別人能夠做得到嗎？是你毫無保留地把自己拋售出去，連尊重自己、愛自己、憐憫自己也不懂，彷如是可以隨意任人踐踏一樣，才會把自己弄成如此卑微的地步。」聽到這段話後，雷霆萬鈞，像觸電般地被打醒。心中頓時充滿自責、內疚、羞愧，更對自己產生罪惡感，覺得為什麼沒有保護好自己，弄得傷痕累累？

活出最耀眼的自己　202

接著持續接收問題：「讓心傷得那麼透，難道你都不會為自己感到難過嗎？你都不會心疼嗎？」一旦開始正視、覺知到內在聲音的存在，我哭得比剛才還要更激烈，眼睛裡的眼淚不再是一顆一顆地流出來，而是像把水龍頭打開一般，傾盆而出，撕裂地崩潰大哭。

改變從正視問題開始

從這幾句問題裡，使我有了一種深層的發現，原來我看到、感受到自己的痛苦是會心疼的。過去的我對自己毫無覺察，連心疼自己都不懂是什麼，更不明白為什麼會有心疼自己的狀況出現呢？而通過從潛意識深處傳遞的幾條問題，感知到心疼自己的感覺是怎樣的；就像你今天在乎一個人，愛一個人的時候，會因為他的難過，他的不快樂，而你深同感受，心疼這個人所產生出來的情感是一樣。

也因有了深切體悟後，開始明瞭要保護自己，更懂了一點，愛自己是怎麼一回事。

我會形容當時的我，只懂了一點「愛自己」是什麼概念但並非完全懂，是之後透過一場又一場的心靈優化與及療癒之旅，才親身體驗到愛自己。

愛自己是一場需要深度走入心靈才能真切領悟的事情。

這是我還沒學習心靈療癒之前，印象最深刻的一次覺醒，也是與內在世界初次深入連結的一次，更意識到自己根本就無

法接納、無法愛自己，所以一直拼命向外界討愛。而在這過程中，越是討取愛，越是失控；心也越痛，越容易被空虛入侵。

因此才會明知如此卻無法自拔地往前衝，哪怕心嚴重受傷了，也不懂得放手，導致陷入悲慘的關係中。如今擔任身心靈療癒的工作者之後，回看那時候的我，其實就是一種被潛意識操控的狀態，任由想法與情緒在不知不覺中擔任操控者，而自己卻失去了主導權。除此之外，那時的我被困在痛苦中，無意追究這一些聲音和問題是從哪來；直到深度認識潛意識之後，才明白當時接收到的問題，是由潛意識裡的那位智慧指導者傳遞的，難怪那麼一針見血，導引出真正需要面對的問題。

心靈探索空間

1. 不要以為從欺騙自己的假象裡清醒是一件容易的事，倘若真的如此，就不會有那麼多人明明知道自己的感情或是婚姻一早已經走到盡頭了，卻又不願意面對，一直使用不同的理由欺騙他人和自己，一層蓋一層的把真相埋葬起來，當作沒這回事。我們需要認清楚自己是否被內在飢餓所驅動，所以才抓住毀滅性的感情關係不放？
2. 愛自己是一場需要深度走入心靈才能真切領悟的事情。

在惡習的循環不斷打滾，只因欠缺一個坦然面對自己的機會。當你的心準備好面對一切了，潛意識的指導者將會引領你得到更高的智慧，衝破如今的迷茫，通往心靈世界的平靜和諧。

第33章
遇見恩師——NLP課程

當心念發出，潛意識的大智大慧便會全方位指引、領導，定必會完成你的心願。曾經的我臉上掛不起任何的笑容，更不相信自己可以成為一個愛笑的人。直到在一次失戀中，思考著自己想要成為一個怎樣的人呢？當時寫了十項，而其中一個項目是「讓自己成為一個愛笑的人」。意想不到，此念已為我鋪路成為一個更好的自己。（深入認識自己的旅程開展後，這十個項目已全部實現）

先知道你需要什麼

經過第四單元與本單元所描述的人生谷底之後，我雖然開始有一點覺知需要照顧自己的心，可是就不清楚可以怎麼做？要從哪裡開始？

很多時候人都不清楚自己到底需要什麼，目標是什麼，所以才活得沒有方向。可是當你了解到自己需要什麼，潛意識就會為你導航，吸引所有相關的貴人和資源降臨到你的生命。由於我知道要開始照顧自己的心，所以機遇就來了。

當有了明確的目標方向後，那陣子的我像是一個跌入谷

活出最耀眼的自己 　206

底的人，正在爬回地面。雖然是這樣，但那時我對人生目標與未來計劃仍感到迷茫、焦慮。正當苦惱期間，腦袋突然靈機一動，可以向宇宙許願。於是我當時看著外面的晴天並抱著期待的心情發出心念：「請爲我指引明確的道路，給予一把鑰匙打開我的心。」在我許願之後的兩個星期，神奇的安排來了。

生命經常發生讓我們意想不到的事情，而且每次來的速度總是驚人。

臣服生命的安排

有天早上剛好在滑手機，突然心血來潮想看某個朋友圈，接著就拿著手機滑了幾下，正當我要退出該畫面時，竟然再次遇到那個有關實用心理學的講座推廣。

那一刻的我，心中發起光彩，腦海裡更發出一種訊號「叮叮，是它了。」

其實在一年前，我在其他地方看過這個講座的資訊，當時也想去了解。可是後來想想，覺得自己還沒有準備好，心還是充滿無力感，所以就算了。當我再次遇到有關講座的海報時，眞的覺得宇宙爲我安排得太合時。然而這一次的時間，與及內在的狀態都是處於「我準備好了」。就這樣我參加了講座，同時開展了一場探索、認識、療癒自己的旅程。

也因爲這一切的安排，改寫我的人生，遇見了兩位導師，分別是Paul An和Rebecca Zhu。從他們的身上學習到非常實

用的NLP（身心語言程式學）*，幫助我改寫和突破原本的思維困局，並通過時間線療法（Time Line Therapy®）釋放過去的負面情緒與內在糾結，使我從烏雲中釐清自己的方向。這個過程裡，更加深度地認識自己，並明白到過去許多受害者的情結是一直侵蝕、摧毀自己的真正原因。

最令我深刻與感動的是遇到兩位用心在教導的導師，在他們身上我看到熱情、熱誠與及一顆為學生著想的心，也因為這樣，他們成為那把鑰匙，把我的心打開，才能在課程中得到最大的幫助和人生收穫，同時我也終於發現到潛意識裡的潛在力量。那個時候，靈魂的深處已傳來微弱的訊息「這就是你要尋找的目標」，只是當時候我還沒有真正聆聽到這微弱的訊息，但已埋伏了萌芽的種子。

後來再回看這次的安排，簡直是太神奇！其實這位朋友是不常發訊息的，就剛好時間配上我在滑手機的時間點，如果我沒有看到這位朋友的分享，也許就錯過了機會。這就是生命裡的剛剛好，皆因你的念而起，才引領相符的資源進入生命。

把握趁早快樂的機會

每次只要真誠發願，潛意識必定會聯同宇宙的力量前來幫助並顯化，為你引來明燈，照亮前方的路。不過很可惜的是，大部分的人都未必能夠了解、把握當下的機會。我們的人生不就是這樣嗎？每天都有不同的機會經過，我們卻不認為那是機

會，又或是像較早年的我一樣，還沒有準備好要幫助自己，結果錯過了機遇，錯失了讓自己變得更好的機會。幸好後來再次接住機會。

我們經常在計算生產成本、創業成本、投資成本、養育孩子的成本，卻忘了計算，其實時間也是生命中最不容忽視的無形成本。時間慢慢流逝，若沒有把握當下的機遇，意味著你將在有限的生命裡，持續活在惡性循環中，難道你想這樣嗎？

相信答案是否的，當然我也不排除有人是很享受活在痛苦折磨裡，這也是另一種層面的修行。只是如果我們知道這世界上是有方法、方向能夠協助自己，擺脫痛苦，重建人生軌道，那麼為何不這樣做呢？還可以提早得到快樂、健康、平靜、心靈的豐盛。

我很開心當年為自己做了這個決定，也把握了當時的機會，讓我學習到更有效的方法幫助、療癒自己，所以我才實現到幾年前所寫下的願望，成為一個愛笑的人。

假如我有七十歲的命，我還有快四十年的時間可以笑口常開，這不是一件興奮的事嗎？時間不遲不早，決定在於當下的那顆想要幫助自己的心。

*NLP（譯：身心語言程式學）：我們的思想行為已被設定為電腦程式，透過運用NLP技術更改大腦固有的五官神經、語言、思維模式，引進新的導向，有意識的達成想要的結果或目標。同時NLP更是一門溝通技能與技術，經常被使用在個人成長和商業培訓。

心靈探索空間

1. 找個安靜的時間，想想到底現在的你內心真實需要什麼？（在事業、家庭、財富、感情等），可先從每一項作思考，例如在事業上你最需要什麼？有答案後，可寫下來。

2. 寫完之後，請腦力震盪一下，你為什麼需要它們的原因？沒有其他可以代替嗎？對你很重要嗎？當你一步一步了解後，慢慢會清楚自己最需要的是什麼。

3. 知道需要什麼之後，就問自己準備好迎接眼前的機會嗎？當準備好了，便跟自己說「我準備好要改變自己，為自己創造快樂、健康」。

接著機會就會隨之而來了，只要抓緊改變的機遇，目標定能實現。

第34章
感到愧疚的傷疤

如果你的身體上有幾道疤痕，你會很討厭它們嗎？

你會如何看待它們呢？又能否接受傷痕的存在呢？

事實上我們每個人的心靈深谷，殘留著許多肉眼看不見，摸不到但卻無法磨滅的傷痕。每一個人走在人生的道路上，行駛著人生列車，穿越不同的地方，停留過不同的車站，參與過不少人生課題，難免會遇到誘惑、傷害、被欺騙、絕望、無助和痛不欲生的時候。當經歷事件的過程，心理由於無法招架如此撕裂的痛苦，就在心靈世界形成了一道又一道的傷痕。為了支撐下來，不得不把它們壓制下來，封鎖在潛意識裡，這也是人們用來保護自己的心理防禦機制。

喘不過氣的壓抑

在我還沒展開療癒的旅程之前，不管是心靈世界還是身體都殘留著傷疤。在別人的人生裡，也許因為發生了一些意外才會導致身體留有傷疤，而我身上的傷疤並非是意外而是人為造成的。最可笑的是，那個使我留疤的人，那個傷害我的人，竟然是自己。想知道為什麼有人會那麼笨？那麼狠心如此對待自己？接下來我會為你解封我的心靈世界，細述一段喘不過氣、

過度壓抑的故事。

在訴說這段故事之前，想讓讀者了解，說出這事情並非想要任何人模仿，而是想讓讀者知道過度驅趕情緒、壓抑自己，都是一件把自己推向黑暗深淵的事情。這事情的起源就要由原生家庭的背景開始講述。

在童年時期，原生家庭的環境並不富裕，父母的教育水平不高。由於要養活幾個小孩而終日為生活忙得不可開交，忙碌賺錢養家，煩惱生活開支，就在這麼高壓的環境因素下，根本無暇思考自身的教育方式是否適當，所以只會終日採取責罵，指責的方式對待小孩。如此一來，在家裡的我都不敢發言，內心深深害怕被罵，更不想和討厭聽到吵鬧的聲音，因而只好選擇扮演「乖乖女」的角色，順隨父母的旨意，以為這樣就可以減少煩憂，避免父母的不高興、情緒惱怒會轉移到我的身上。

在印象中，那樣的童年並不快樂，只有儲滿了委屈、受傷、不理解、被誤解、憤憤不平、恐懼；還有那些被指責的畫面，深深崁入潛意識深處，儲藏起來。因此造成了無法專心讀書、常被負面思緒包圍，對身邊很多事物都缺乏好奇心，欠缺活力；也不知道當時候的內在小孩已經受傷了，處於極度自卑、內在嚴重匱乏、痛苦壓抑的狀態。

天生的敏感

於成長的過程，無論在原生家庭或是在學校裏，我都是扮

演著一個平平無奇的人，雖然成績並不好但是只要在學校裡不要犯大錯，當個守規之人，那就可以了，至少不會給父母增添麻煩，弄至學校要見家長，所以小時候我很盡力地當一個乖的學生。隨著時間慢慢長大，一直持續以這種極度壓抑、隱藏情緒的方式進入青少年時期。在青少年階段，開始比較多出現自我的想法，越是忽視它們越是強烈，例如不知道自己生存的意義是什麼？不知道為什麼會出現在這個家庭裡？

儘管意識到心中有各種疑問，但還是會無意識地努力滿足父母和身邊的人對我的期待。另外某部分的原因是天生對情感比較敏感，容易感受到別人的情緒，導致總是照顧他人的感受為先，不傷害別人而委屈自己，永遠把自己放在最後位置，嚴重一點講，可以說完全不在乎自己，只在乎別人，想要當個「好人」，不願擔當被人厭棄的角色。

染上錯誤的壞習慣

那時候的我，常處於這樣的狀況，內心感到無盡的悲傷難過、憤恨、煎熬；還經歷無數次的言語傷害，彷彿一次又一次被推向絕望的深淵裡。

由於當時對自身的情緒反應很薄弱，又缺乏對情緒的認識，更不會了解自己的身心狀況，只知道一件事件就是「我很不喜歡這個家，覺得很不快樂，沒人能懂我，很想趕快長大可以逃離這裡」。有時候更會被那種絕望既無力的想法折磨著，

產生想輕生的念頭，不知道為何自己要活在這個世界上。如今回看當時的我，就已經埋下了覺醒的種子；每當我感到忍無可忍，快要情緒爆發的時候，總是有個信念告訴我「先撐下去，不要放棄自己，未來擁有更美好的事情等待著你」。然而幸虧這個信念支撐著，並沒有做出錯誤的選擇。

面對排山倒海的情緒，沒有妥善處理和宣洩，所以被困在心靈監獄裡的我，做了一件到現在都無法淡化的事情。由於青少年的階段並沒有太多獨立思考，易受外影響之下便染上了一個壞習慣；只要在家裡遇到非常非常傷心難過，感到受傷的時候，壞習慣就會跑出來，那壞習慣是在手上自殘。

心靈的受創簡直是萬箭穿心的痛，自覺被父母的言行舉止傷害到無處可躲；即便如此，內心的另一方面其實也不想讓父母難過，還是會關心他們，所以會隱藏著傷害自己的事，免得家人擔心，更重要是害怕被罵、被嫌棄。

長期囤積的強烈情緒爆發了

在青少年期間，除了面對學校功課、成績的壓力，同輩之間相處的溝通問題，更要面對原生家庭長久以來的負面影響，無法跟任何人傾訴，情緒越堆疊就越高漲，彷彿快要壓不住。

有一次家裡又在為了生活事情而吵吵鬧鬧。那一天，媽媽工作完很累，回到家又開始抱怨家務沒做好。當時我已經幫忙做家務了，只是做不到她想要的結果，於是又被唸、被罵。

那瞬間情緒的按鈕很容易被開啟，立刻跑出很多想法，覺得自己很委屈、很難過，明明已經盡力做到媽媽的要求，卻還是不滿意，還是被罵。那種內心無法忍耐、再也壓不住的情緒爆發了，感到非常非常低落沮喪。

於是傷害自己的壞習慣就出來了（在閱讀本書的人，千萬不要亂學這壞習慣），想藉由傷害自己，減輕心理痛苦和難過、舒緩高壓的情緒，與此同時內心深處其實又極度渴望得到愛與關心，只是無從表達。這次在手上增添的幾道疤痕，沒想到就這樣跟隨著我十多年，直到現在。

我曾經透過傷害自己，試圖從中得到別人關愛的行為，在心理學上叫附帶收穫（Secondary gain）當事人藉由病症的結果而免除責任，從而獲得額外支持和關心，並可操縱他人行為。這可以是有意識或是潛意識的意圖。

傷口癒合是不怕被提起

以上就是我幾道疤痕的由來，然而在分享這段故事的過程中，又再一次整理、回溯事件的發生。我們總以為只要棄置一旁，不管傷痕，它就會消失（心靈或身體），然而這只是我們演繹出來欺騙自己的把戲。

如果傷口真的癒合了，是不會介意再次提起此事。如今這件事情在我勇敢面對和療癒之後，它對我而言只是記憶，而隨著被療癒後，記憶也會變得零碎，因為已釋放當中沉積多年的

各種複雜情緒，所以現在我才坦然地分享這段故事。

　　除此之外，我知道在這個世界上是有人跟這段時期的我一樣，一直使用錯誤的方式來傷害自己，其實當中是不懂得如何幫助自己，感到痛苦焦慮才一度躲藏起來。如果你現在的情緒很高漲，快被壓垮了，別讓自己身陷絕境了，一定要讓外界的專業人士、身邊信任的人進行協助。並且一定要有信念，就如在青少年的我，幸好有了信念，相信難關一定會過的，將來會有美好的事情等待我。確實是這樣，所以我現在很慶幸還活著，可以寫出本書，照亮人們的心。

- - - 心靈探索空間 - - - - - - - - - - - - - - - - - - -

　　1. 事件發生只是當下的一件事情的發生。可是人們
　　　　在經歷過後，總為事件賦予意義、詮釋。當中讓
　　　　人深刻觸動的情感和對於事件的情緒，都記錄在
　　　　潛意識裡，形成了我們身體與心靈的記憶。伴隨
　　　　療癒過後，體驗到愛自己可以是由自己出發，釋
　　　　放過去的影響，重建快樂自信。

第35章
無法原諒自己也是一種痛

　　根據上章節提到的傷疤故事與及過去我對自己曾經做過種種的事情。譬如在愛情裡不懂得保護自己，活得毫無底線、任人踐踏；此外每次什麼事情發生都只會先怪責自己、批評自己的不是，把罪扛在身上，還有傷害自己的事。以上的事件都發生在不同的歲月，回想起來時，心裡實在難以掩蓋那份沉重的罪惡感、內疚感，多麼後悔當初若是沒有做出那樣的選擇，便不會有如此般的心痛難過。

　　我們總是在事情發生後，無法接受自己的行為、所犯的錯誤，便怪責自己，痛恨那時沒頭沒腦的作法，使錯誤難返。接踵而來，被各種思緒深深包圍整個心靈世界，連呼吸都散發出內疚的氣息，這一些都是來自於心中無法原諒自己而形成的。

　　有段時間的我無法面對，無法原諒過去不同階段所造成的傷害；每次想到這裡，眼淚便不自覺地流下來。其中一部分是為自己感到心痛、難過，畢竟終於看見多年來的疏忽、對自己的無動於衷；另一部分是看見如何創建出一道又一道的傷，攻擊著心靈世界，使它遍體鱗傷，這份「看見」也是一種心痛自己的痛。

　　不過正因為這份痛使我從不懂得愛自己，真的體驗到什麼是「愛自己」。

愛自己的形式

　　經常聽過不少專家分享，我們需要愛自己，接著就會分享很多各自的方式，有一些方式是外在形式的愛自己，例如買愛的包包、車子、打造漂亮外表，這就是外在愛自己的表現。而另一方面就是內在形式的愛自己，這又是怎樣一回事呢？

　　這裡確實比較難形式的，因為這當中都是個人感受體會，所以偏向抽象的。

　　舉例來說，今天我跟你分享，曾經我去過澳洲的某個小島，那裡風景優美使人心曠神怡。儘管我描述得栩栩如生，連照片也拿給你看，跟你分享其中所遇的事物是多麼療癒人心；也許你聽到的當下，只可憑著照片裡的景色並使用想像力在腦海裡繪畫出情景，可是當中獨特的感受體驗，就無法完全體會到。**也因如此，真正的愛自己是需要用心體會；通常在創傷、傷害、療癒的過程才會被看見和體驗到的。**

　　你是如何愛他人，就用這份愛，來愛自己。

　　人類很常習慣性地逃避事情，不輕易面對真實的一面，特別是自己曾做錯過的事。

　　有一天我問自己：「你愛自己嗎？想讓自己快樂嗎？想讓臉上掛上笑容嗎？」我的答案是：「YES」。就因為這顆心，多次尋找潛意識幫忙，開展療癒之旅。在接觸和學習各種心靈療癒工具之後，認識到人生中最重要的夥伴「潛意識」。通過時間線療法和催眠治療就可進入潛意識探索、療癒和修復心靈

荒地；過程中遇見許多曾經逃之夭夭的事件，當中所帶來的傷痛又再次挖掘出來（包括本書所有提到的故事），情緒又被牽動，眼眶盡是滿滿淚水，接著更覺察到心又想要逃跑了。就在落跑的那一刻內在指導者出現告訴我：「**現在的你，已經擁有足夠的力量面對如今的難題，只要跟著路走下去就可以了。**」

接收到這句話之後，從心感受到一股強勁的力量，使我不再逃避；瞬間心靈世界彷彿在暗處開了一道光，充當明燈開路，給予勇氣，讓我能夠面對曾經對自己所造成的傷害釋懷，並且攜帶著勇敢繼續往未知的路前進。

遇見做錯事的我

當你的意識與潛意識達成彼此之間的共識，進行合作，這必定是為你帶來最大的好處。原本意識與潛意識的關係就是緊密連結在一齊的，可惜在成長過程中失去了彼此連結，喪失相愛的能力；如今只要你的意識是願意的，那麼潛意識一定會盡最大的能力幫助你的身心得到健康、快樂和幸福。

由於我的心準備好面對自己，所以在多場披荊斬棘的療癒中，遇見了不同時段的我，而她們都是不同時期的主兇，在我人生做了許多無意識的選擇而造成了滿身傷痕。當我重新再相遇她們的時候，心裡不免會感到憤怒、責備，嚴重內疚、不可原諒。從剛開始的抗拒，到後來接受它們，心想「既然要來的還是會來的，那麼我就認真聆聽這一些情緒背後的聲音，任由

它們出現，把想抱怨的、要說的話講完。」

我們都需要被體諒

經過一番宣洩的過程之後，內在出現了一份「體諒」，慢慢占據心靈世界的領土；

開始恍然大悟了，發現我可以使用這份體諒來陪伴過去和現在的自己。

深切明白到過去的我，也是不懂得怎麼做，也是一段學習的過程，而各種選擇就是為了讓我從黑暗裡磨練出自身的光芒。

在長大後的我，可以怪責那些年的我，不過不可以否定「曾經所付出過的努力」。

每一個遇到困難、萬念俱灰、想放棄人生的時刻，都是當時候的我為了讓自己能夠活下去所做出的決定，哪怕當時候的方式也許在往後看來是不正確的，但是對於當時內在資訊有限的女孩來講，已經是她最好的選擇了，應該要欣賞、感謝每個階段的自己。其實我們都需要被理解、被諒解、被包容，倘若無法做到，就難以原諒自己或是別人。

由於體諒的出現，使我更深層「看見」曾經的努力和付出，軟化了自責，並願意與過去的我進行和解。除此之外，我還選擇了原諒過去的自己，原諒那個處於不懂狀態卻又拼命地挽救自己的我。她都已經試過許多方法，盡心盡力了，試問我

活出最耀眼的自己　220

又怎麼忍心再去生氣一個真心為你好的人呢？當一個人的心開放了包容、體諒，溫暖自然可以融化固有怨念。從我選擇原諒的那一刻，眼淚如洪水般流下來，這當中包含了陪伴、感動、感恩、體諒、接納，全都是一份發自內心對自己的愛。

這是我再一次體驗到什麼是「愛自己」的感覺，是從療癒中獲得到的。

心靈探索空間

1. 每個人的心靈世界都擁有著一道原諒之門，只是不輕易為人而打開。「對與錯」是世俗的標準答案，不過我們要知道，人生必定會出現錯的時候；當它出現了，學習打開內心的門，讓原諒進入你的家，與內在進行和解，釋放過去、釋放執念，你會在過程中發現到一份無法取代的愛是源於自己的。

2. 生命要你學會站在高峰時，擴展你的光芒；在低谷時，學會如何點燃你的光芒衝破黑暗。

3. 如果你專注於一心一意幫助，為自己創造幸福；宇宙是充滿著愛的，當你把專注力投放在那裡，顯化就在那裡。療癒使你更有力量、勇氣，面對認為不可能的事情。

第36章
眞正原諒是發自內心

罪惡感的淹沒

在不同章節裡分享了許多過去的經歷與選擇,可能閱讀到的人會想:「怎麼這個人會做出這樣的選擇?怎麼會這麼傻呢?」

如果有這一些想法,我想也是正常的,畢竟連我也曾這樣責問自己,也因此對自己產生討厭,會想這樣的人是值得被愛嗎?甚至有時候會在內心世界,演出不同的戲碼,例如會覺得既然外界沒有人定下自己所犯的錯,那麼就化身成爲法官,做出批評、批判、不斷指責,好讓內心好過卻不知道往往這樣的行爲是在傷害著自己。

一路走下來,讓我越走越沒自信,有時更會陷入過度自責與自卑的情緒想法裡,幾乎無法擺脫,特別是感受到自己做錯事情的時候。此時罪惡感又出來淹沒心靈,盤旋在內疚的戰爭中,於是爲了逃離戰爭困擾,藉以渴求外界能夠接納自己,來消滅內在深層部分的內疚感。我經常覺得人類的情感是錯綜複雜的,存在著千絲萬縷的因由,情緒連結在一齊,並非幾句話就能道出心聲。內心的混戰更是難於辨別,容易受各界影響,因此我們許多時候都不容易覺察到什麼才是自己眞正的想法,

也不清楚是否已把心結解開，總以為在面對事情卻是原地停留，把傷口先壓抑著。

錯誤不一定是壞事

我們被太多外界的框架、道德觀、標籤，綁得太緊密了，不能允許錯誤在人生出現。的確有一些錯誤是不可以犯的，特別是危害他人性命，傷害他人和犯法的事，可是其他的人生決定，就真的不能犯錯嗎？

有時候錯誤不一定是壞事，反面是給當事人一個教訓，一個學習，一個改變的機會。

還記得小時候在課堂上，老師向你發問問題，當下你答錯了，是否除了感到丟臉，尷尬之外，你是不是把正確答案緊緊記住呢？原因是你對此問題產生特定記憶，避免下次再出醜態，所以已牢牢儲存在潛意識。

無法原諒自己的原因

當一個人自知做錯了，從那一瞬間開始，當事人的內心已經開始覺知並感到慚愧、內疚，產生「想要做點什麼來彌補」的想法。在還沒有做出彌補的事情時，通常要碼就被身邊的人怪責，「都是你的錯」；要不然就給自己的良心無情地責罵，或者先給自己判刑。其實很多時候內在世界發生衝突的原因也

在這裡，意識層與潛意識的分裂，理智與感性之間的爭奪，不知誰勝誰負。

潛意識與意識同為一體，可是兩者的影響力卻有天大的差異。潛意識裡蘊藏大量等待開發的潛能與力量，不過堆積太多負面情緒，引致潛意識能發揮作用的力量大大減低。也因為潛意識裡儲蓄了太多指責，自我懷疑，厭惡的情感，即時在意識層面想原諒自己卻做不到。原因在於潛意識裡仍儲藏著大量未被釋放的負面垃圾，還是充滿厭惡自己的情緒，覺得自己不值得被原諒的想法；它們已被輸入為程式，一直隱約產生負面影響，除非你覺察到模式並採取釋放，才可終止惡夢纏擾。

原諒是需要時間

大多數人對自己的過去是充滿排斥、不滿和討厭，甚至連回憶起來都不敢。

有一些的謊言、背叛、傷痕來得太快了，還沒有時間搞清楚、整理好自己，平息內在的不穩定，更來不及撫平傷痛，就逼使著要做到「原諒他人」。

深層思考，其實我們要原諒別人什麼？原諒別人傷害你的行為？

還是原諒那個又再一次受傷的自己呢？

記得曾經跟個案在會談時，曾提問「為什麼現在所面臨的事情，你不能原諒自己？」

個案回說：「不知道如何才能原諒自己？」

接著我回問：「你需要原諒他人，你會怎麼做呢？會需要時間嗎？需要自我消化和整理嗎？」

個案回說：「嗯，是需要的。」

接著我微笑回說：「你說不知如何原諒自己，可是剛才你不就已經知道了答案嗎？」

不能憎恨父母的阻礙

由美國知名心理學家吉米·丁克奇博士（Dr Jim Dincalci）所寫的書籍《原諒的藝術》提說「所謂的原諒，就是放掉心中的怨恨、不滿、負面心態、痛苦焦慮，不再讓它們盤據你的腦袋，奪走你愛人的能力，破壞你心靈的平靜。」

既然談到原諒這個話題，也許在閱讀過我不同故事之後，你可以會有一個疑問：「看來原生家庭對你的童年造成了許多負面影響，你會否憎恨你的父母？」

如果我說沒有就一定是欺騙你的，然而我也不會這樣回答。

其實從小開始我的心已埋伏了各種對父母的怨恨，但基於被灌輸了許多觀念而阻撓了我恨他們，比如說「父母那麼含辛茹苦把你養育成人，你應該要感恩」、「父母這樣做都是為了你好」、「父母所做的一切都是愛你的表現」、「父母講的都對」。因為這一些觀念使我製造了一個自我欺騙的假象，嘴巴

對外會認同這一些想法，而對內更僞裝、掩藏所有對父母的憤怒，欺騙自己沒有生氣。經過抽絲剝繭就會發現，內心深處蘊藏著大量怨恨、不滿、未被化解的情緒，而它們是一定要釋放的，否則極爲影響身心健康，吞噬最好的自己。

放過自己

剛才我提到的這一切覺知，是經過多次自我療癒，跟多番艱辛的路程，透過不斷翻開一道又一道的傷痕，才得到的總結。在這段過程中，看見了自己多年來背負著沉重的埋怨，也看懂了許多背後的原因；我不想讓自己再受怨恨的折磨，所以我慢慢地學習原諒父母。**我們選擇放過別人，等於放過自己。**

正如我前章節提到的，曾經的我使用了不適當的方式對待自己，結果嚴重傷害自己，然而我自己也曾出錯，那爲什麼別人就不會有錯誤呢？我們不是聖人，也會犯錯，重要是從錯誤中如何讓自己成長更爲關鍵。

如果你有這份「看見」是一份值得欣慰的事情，起碼比起父母活得快樂很多。

其實很多父母是活在無意識之中，除非他們有學習心靈成長、心智成熟，否則一般的人都是活在被潛意識操控的模式，我們的父母只是在複製著他們父母的影子。

嚴格來說，父母也是可憐的，試想一下，他們放棄了許多個人慾望、犧牲，奉獻一切在家庭，辛苦把你養育成人，結果

到頭來得到的竟然是孩子的不諒解、怨恨，這也是令人憐憫、同理的，不過這也是許多親子衝突的根基問題。如果要解決這問題，一切從自己身上出發就可以了，先把問題回到自己身上，而不是一直把問題往外看。

原諒父母

從療癒的旅程中，我學習到體諒自己，同樣地也把這份「體諒」用在父母身上，明白到父母在我小時候已經盡所能做到最好，畢竟成年人的世界是充滿種種生活壓力，又要照顧整個家庭和日常開支，當中所面臨的壓力是一個小孩子無法完全體會的。直到長大成人後的你，換成了父母的角色才會明瞭當中的「不容易」，也許換過頭來看，現在的你也未必可以做到當年跟父母一樣的付出和犧牲。當然這只針對一般父母，我明白有一些父母對待孩子的方式是使用暴力、拋棄、虐打等等；在這環境長大後的孩子，是需要更多的愛才能修復好自己的心，雖然如此，不過一切只要你有心都不難的，一樣能獲得到幸福和綻放屬於自己的光彩。

真正原諒是發自內心

原諒是一件美德的事情，但不是用強迫而來的，若是能夠這樣，相信這個世界便能減少許多許多衝突和暴力事件的產

生。若是你還沒準備好原諒他人或自己，那些理性想法也只是左耳聽右耳出，千萬不要被旁人施壓而強迫自己原諒，這是不合適的。除非有一天，懂得照顧好自己的心靈，也準備好要原諒了，原諒自然會隨即而來。過去我們由於內在力量微弱才依靠他人對我們做出原諒，繼而釋放罪惡感，得到寬恕。隨著快要看完本書，開始對自己有了解，別再依賴他人原諒自己了，你同樣也有原諒自己的勇氣。當你正在迷茫、不懂得如何原諒自己的時候，不妨回到心靈深處，探索什麼阻礙了你原諒自己？然而在探索的路上，可使用不同的工具協助，例如冥想、靜觀、進入潛意識世界、催眠治療等等，這些管道都是能夠深度了解、認清楚自己的；不過若是沒有方向的人，建議向專業人士尋找協助，會是更有效的方法，當然前提是自己有這個意願和準備好探索不一樣的自己。

我經常跟不同的個案說，要原諒別人之前，首先照顧好自己的心，把隱藏的傷痕處理好，學會原諒自己。無論是原諒自己或是原諒他人都是需要時間沉澱的，這是一個內化的過程，通常它會出現在療癒自己的過程中。別以為原諒就是要完全接受被別人傷害的行為、無限容忍，而是在過程中寬恕自己與他人，劃出界線，保護好自己，使自己從原諒中得到心靈上的釋放和平靜。

心靈探索空間

1. 除非有一天，懂得照顧好自己的心靈，也準備好要原諒了，原諒自然會隨即而來。

2. 也許在錯誤犯下的那一刻，未必能看懂當中的奧祕，但它一定是當時候的你所需要的經歷，所以不要急，在往後的未來這份需要就會被你看懂了。明瞭它的意義是讓你學習原諒他人，並且學習原諒自己，包容做錯過的自己。

3. 進入潛意識後就有一種魔力，讓你自然地卸下理性、倔強，連平日嚴密緊守的防衛心門，也會在毫無預料的瞬間打開，直通心靈最隱私的角落。

第37章
一封與自己和解的信

致過去的你：

　　過去的你，你好嗎？我會來找你，是否感到很驚訝？

　　我知道現在你正在藏起來，不敢與我相見，可是沒關係的。

　　請你原諒我突然打擾你，打擾你的平靜，這次打擾是為了與你進行溝通與和解。

　　我深深感受到，你內心的波濤起伏、焦慮不安。

　　更能感受到心靈布滿灰暗，欠缺繽紛色彩，

　　導致皺起眉頭，眼神暗淡無光，臉上掛不起燦爛笑容，

　　讓人難以親近，長期活得不快樂，活不出真正的自己。

　　也因為很清楚過去已經一去不返，不願意再壓抑情緒了，

　　也不想任由負面力量占據內心，任意破壞，

　　更不想讓它阻礙生命得到繽紛色彩，與幸福相遇。

　　我知道過去許多瘡疤、傷口，一直隱隱作痛，使你深受折騰，而這種痛最後化成劇烈的痛楚，實在讓你太痛苦了！為了減緩痛苦，只好封閉過去一切情緒，一切傷痛，把它們打包好，掉進心靈的大海裡，隨由它們往下沉，往下沉，再往下沉，直接去到無法感受到痛楚的位置。由於我非常明白你的痛，也想要助你解脫，所以這次來信是想告訴你，我需要你跟

我一齊重新繪畫出色彩。

我知道你在懷疑自己是一個沒用的人，怎麼會被需要呢？

放心，你沒看錯，我是真的很需要你，你很重要。

通過這封信，我要誠心誠意地跟你道歉，對不起。

過去的我認為妥當的保護方式，原來是錯的。

在從小缺乏愛，不被需要、不被關愛，甚至疏於照顧的環境下，心裡受盡孤獨，品嚐無人問津的滋味，使你受苦了。

不懂得如何釋放，排解它們，不知不覺就採用了一種自我保護的方式，讓心靈徹底封閉，拒絕任何來戶叩門。

雖然你我的世界曾經崩塌過，內在建築物都被狠狠地打碎，散落滿地。過程裡失去了太多，心失去了方向，你失去了自我，世界變得暗淡無光；每天背負著沉痛過活，漫無目的，生活像行屍走肉一般。

本以為時間會沖淡生命所發生的一切，

本以為最熟悉的人卻成為離自己更遙遠的人。

本以為是保護自己，卻變成一個傷害自己最深的人。

更以為表面看似淡忘的傷痕，已經痊癒了；卻不知道原來它們都被關閉在潛意識裡，從來沒有消失過。

宇宙是充滿仁慈、充滿愛的，還記得那一天宇宙派出了一道暖流打進你的黑暗世界，同時，還送贈了一句如雷貫耳的話，「難道你的世界崩塌了，就不能再重新建立嗎？」這句話的到來把你打醒了，所以才有今天的我。

我發現原來我是可以的，而我相信你也可以，一起重建心

靈世界，從哪裡跌倒我們就從哪裡爬起來，這次你並不孤獨，因為有我與你相伴，踏上人生幸福快樂的道路。

逃避不會減輕傷痛，只會加深傷口的蔓延，唯有我們勇敢面對與接受才是真正的把傷痛解決。除了要跟你道歉之外，更希望你原諒那時不懂事的我，無意地傷害了你，對不起。過去沒有把「你」當一回事，隨意任人踐踏，受盡冷言冷語，弄得滿腹牢騷，忍受種種委屈。這些年來，辛苦你，請你原諒我。

謝謝你充分教會如今的我，學會在適當時要為自己挺身而出，勿讓人隨意踐踏，尊重自己，同時也學會在適當時對自己施以溫柔與關懷，允許當下的情感流露，感受與體諒，依照內心想法，從容面對自己，讓自己從心靈監獄裡，釋放限制性的枷鎖，展翅高飛地自由做自己。

現在我想與你一齊共同合作，深入療癒彼此，處理心靈傷口，療癒過去沒有撫平的傷痛，如實呈現自己，給予溫度陪伴彼此，允許更深刻的愛、感恩，住進內心成為溫暖的太陽。

而這件事情為何非你不何呢？
理由很簡單，你就是成就現在勇敢的我。
我願意等你，等你準備好，跟我一起幸福快樂。
最後我想送一個溫暖的擁抱給你，謝謝你，我愛你。

未來愛你的我

心靈探索空間

1. 生命裡總不會有療癒不好的內在傷口，只有不願意治療的心。
2. 用心與過去的自己聯繫，用溫度來陪伴過去的痕跡。
3. 在看這封信的過程，有否留意到自身的情緒？想法是什麼？會否有揮之不去的回憶跑出來？
4. 如果有任何想法，情緒，畫面，請允許自己，投放在其中，擁抱接納它們。
5. 覺知對過去的想法，並不需要即時做任何回應，靜靜觀看就可以。

單元 6.
成為那個你愛的人

第38章
兌現你的承諾

　　每個人的潛意識裡都藏著一股足以創造奇蹟的神奇力量。然而生命的奇蹟是從你向自己許下承諾開始轉動。在看本書的你，可否記得上一次為自己許下承諾是在什麼時候？那一次又是為了什麼事情而許下承諾呢？也許當時的你正在經歷人生低潮，面臨各種大風大浪、現實帶來了無情、貧窮所引發的痛苦向你迎面吹襲，使你痛苦萬分；內心呼喊無數次求救訊號，願在此時此刻有人能助你越過困境。等了一天又一天，此人仍舊沒有出現，於是你跟自己許下了承諾，「我從現在開始一定會讓自己過得更好。」

　　對過去的承諾有點印象嗎？不知道如今的你，經歷過歲月的洗禮之後，能否仍然保持、堅持著這一顆幫助自己的心呢？我們會向別人許下承諾把某某事做好，把某某人照顧好，不讓他人失望，重視對別人的承諾，相反對自己的承諾並沒有太大的重視程度，輕易放棄。

　　人類擁有美好的天性，懂照顧別人與他人的感受，使用同理心為他人設地而想，但卻忽略了對自己的同理心，對自己的憐憫與兌現曾經的誓言。

深層意義的圖案

　　從小開始臉上就經常掛著一副苦瓜般的臉，總是缺乏生存的動力，不知道生存在這世界的目的是什麼，可是若要了結自己的生命又缺乏勇氣，只好勉強支撐著疲累的人生。在一個缺乏愛的環境下長大，不懂如何愛自己，總覺得「愛自己」的距離猶如十萬八千里的世界。所以才有了第5單元所提到傷疤的由來，曾經我是一個極度不愛自己的人，當遇上嚴重打擊、心痛萬分，痛苦到難以應對的情緒來臨時，便會傷害自己，從中是想讓難受的情緒減低，卻往往把自己推到另一方面的身心痛苦狀態。

　　在十七歲那一年，這位傻傻的小女孩偷偷瞞著家人做了一件事。不知道哪來的勇氣，可能當時也受到朋輩影響，心中產生了一個念頭「紋身」。這就意味著要在皮膚上進行小破損，可是當年的小女孩並沒有在怕，並且深思與清楚了解，一旦紋下去就是一輩子的。然而當時的我已經是一個下定決定就會承擔後果的人，不論將來怎樣，都不會後悔。接著就嚴謹思考，一定要紋一個對自己有深層意義的圖案。

　　當我下定決心之後，腦海就出現一個想法「紋上英文名子的第一個字母J」。

　　接受到這個想法的時候，我就充滿疑問地問「為什麼？」

　　回來的答案是「別人可以不愛你，但你可以愛自己一輩子，如紋身是一輩子的道理」說實在對於當時一個會傷害自己

的人來說，愛自己這件事是很諷刺和奢望的。

　　雖然如此，但我覺得它蘊藏巨大的意義，是希望在未來的人生裡停止傷害自己，能夠學會到什麼是愛自己並且好好地疼愛自己。現在回想起來，這是當年潛意識給予女孩的指示，雖然當下不懂但就是相信了；由此觀之那時候的小女孩是多麼渴望愛自己卻在行為上跟不上，才用紋身的方式向自己許下一輩子的承諾。

　　不管是身體或是心靈上的痛苦、傷害，若沒有被有效的釋放，借用錯誤的方式反而是把自己推向另一個深淵，更難以爬出痛苦的魔掌，所以在當年不久之後就明白到傷害自己是減緩不到痛苦反而成為一個傷害自己的幫兇。

缺席的愛，終於來臨了

　　宇宙會聆聽世界的真實渴望，願望，定必在你許願後或承諾過後，派上不同的隊友、導師，進入你的生命協助你兌現承諾，而這一些的隊友與導師是很狡猾，使你當下難以辨認出它們是幫助你的，它們的名字分別為：痛苦，歷練，悲痛，挑戰，困境等等。剛開始時，我非常討厭、更經常逃避這群導師的到來；後來經歷過為生活打拼而身心疲憊，感情一次又一次的挫敗，面對人生失去方向，過著行屍走肉的日子。

　　這一切使內心深處那股不甘心的力量開始呼喚著外在世界的我，隱隱傳送微妙的聲音說：「請你不要放棄自己，你要相

相信自己是可以的。」

　　就是這一道由內在指導傳遞的訊息，使當時正在低潮失意的我，重新燃點了希望之光，並且向自己再承諾「你一定可以讓自己變得更好」。就這樣生命展開微妙的變化，生命的奇蹟是從你向自己許下承諾開始。

　　由於有了意識層面的覺知，透過努力與付出，充實自己，學習如何照顧自己身心狀態，清理不必要的情緒，思維垃圾。再經過一段時間的實踐和努力後，慢慢發現到自己在不知不覺中，已經實現了當年對自己的承諾，成為一個更好的自己。

　　現在回想起來真的意想不到這位小女孩帶著她的承諾過了十年之後，從經歷千瘡百孔，越過高山峻嶺，她終於都兌換了這個一輩子的承諾，學會愛自己。其中蘊藏著一種深深的感動，一路以來你是自己最好的見證者。

　　看完我的故事，有把你曾經對自己的承諾從石沉大海裡，再次喚醒起來嗎？

　　也許現在記憶起來了，但心卻感到愧疚，因為並沒有好好兌現自己的承諾。如果是這樣，沒關係的，只要你有心想要讓自己快樂，就一定可以的，接下來在本單元將提供一個讓自己快樂、成為喜歡的自己的方向。

成為一位愛的供應者

　　愛是人類情感中最基本的要素，唯有提升對自我的安全

感、依賴感和自信感，並且相信自己，展開親密聯繫交流，內在的愛才可以源源不絕地持續增加。無論你出生在一個有愛或是缺乏愛的家庭裡，請記得愛是可以透過心靈成長於自己身上尋找到的，愛一直儲備在心的儲藏室等待著你。要領取這份既溫暖既珍貴的愛之前，首先需要打開你的心窗，釋放過去所有帶給你痛苦的人或事情；接著擁抱當下勇敢面對過去的自己；敞開心胸接受深處那份被遺忘很久很久的愛，打開雙手迎接這份愛來到你的生命。**與其不斷往外追求著愛，倒不如成為自己愛的供應者。**

當你開始重視、照顧、療癒、接納、欣賞自己，並且兌現與自己的承諾，內在那杯水自然盛裝著滿滿的愛，供你所用，滋養心靈。當一個人心靈成長了，自然變得成熟，愛就能夠自給自足，不會輕易任人踐踏和任意踐踏他人，懂得尊重彼此，與他人之間的相處就自然是良好兼正向循環的。過去的我們不相信自己內在本該擁有富足的愛，只是因為從小到大在無意識的運作下，被植入「愛是源於父母、別人、愛人、朋友」，實際並非如此，當你能夠在每次的低潮、磨難之中，開放內心、療癒和釋放自己，就能體驗到內在這份無形的愛，是多麼感動，如此一來你就成為自己愛的供應者同時也可以供應愛給他人。

心靈探索空間

1. 正面的說法會更容易被大腦接受為一種潛意識的心理程式。所以多跟潛意識說出你希望得到的是什麼，例如：

   「我要身體得到健康。」

   「我要一個愛我、懂得互相尊重彼此的伴侶。」

   「我要下個月的業績比這個月的薪資提高兩倍。」

   「我要成為一個愛笑、溫暖的人。」

2. 如果一顆隕落的星星，在光線暗淡之下仍能維持光芒，那麼它必定能成為一顆天上最耀眼的星星。

第39章
如何辨認你要什麼？

　　陪伴我們走到人生最後的人是自己，因此需要花點時間靜心下來並認識自己。大多數時候人們都不知道自己到底需要什麼，人生活著的意義又是什麼？然而不同人對於生命的看法更是不一樣，有一些人則是希望一生過得安穩快樂、家庭和諧、健康長壽；有一些人則拼命專注事業、工作，追求物質世界，追求人生的成功，挑戰新事物。那麼你呢？知道自己想要的人生是怎樣嗎？

走進心房就有答案了

　　與不同個案進行咨詢的過程裡，經常被問到「我不知道自己喜歡什麼東西，更不知道自己要走的方向在哪裡，應該怎麼辦？」大部分的人聽到這句話，都會直接回覆答案或是給出一些方案，但我的作法是通過問問題，梳理思緒，讓當事人先有內在的覺知。事實上，會問出這條問題的人是處於一種迷惑的狀態，某程度來說已經開始感受到內心深處的呼喚，他們面對眼前的迷茫，生活種種不確定，心中開始懷疑，開始排斥生活裡的某些部分、產生不安，同時非常渴望得到一個明確往哪裡走的方向。其實對於這條問題產生焦慮、苦惱都是正常的，證

明你已經覺知到心靈世界的蠕動，內心的波濤洶湧已經迫不及待地向你呼喊著。也許你已經嘗過坊間提供的不同方法，例如參加興趣班，學習新的技能，上課，但還是尚未找到方向。如果是這樣，不妨走進心房，靜心下來，探索心靈，了解潛意識的制約，一旦與自己建立深厚的關係，答案自然會出現的。

你是真的不知道嗎？

曾經跟一位不知道自己內心需要什麼而感到焦慮不安的個案聊天。

我：「你平日喜歡做什麼事情？」

個案：「旅行、爬山。」

我再問：「如果可以的話，現在有沒有一件事情是你想做但卻暫時沒法做到的？如果有，那件事會是什麼？」

個案：「想獨自到德國旅遊一段時間，享受異國文化。」

我：「如果現在我給你一個水晶球，可以讓你許一個願望，而它一定會實現的，那你最想許的願望是什麼？」

個案想了一想，回：「還是剛說的，獨自到德國旅行。」

之後我便笑笑的：「其實你並非不知道自己要什麼，你很清楚自己要什麼，不是嗎？那為何你沒有實踐到這願望？」

個案突破恍然大悟，支支吾吾回：「這樣講確實是有想要做的事情，可是基於金錢和怕家人不同意，所以就沒有落實……」

不敢正視慾望

　　很多時候我們並非真的不知道自己想要什麼，相反內心深處早知道自己要什麼了，只是基於外在條件、環境因素問題而限制了自己的需求。總認為現在沒有足夠的條件就不能夠實現願望或是目標，於是就意志消沉而放棄。這是一個被思維而限制行動的例子，然而我們每一個人的潛意識裡都充滿了各種沒被發現的限制性信念、思維，一直拉扯著後腿，而許多人不清楚就會誤以為是自己的命、業力或是人生已被定了，無法改變等等。當你心存什麼信念，潛意識就一定會為你實現所想的一切，包括負面的事情，因此意識到限制自己的信念，是改變人生的首要關鍵。

　　當你認同了「需要有某條件」才能實現目標時，你的潛意識也會相信如此，這就等於你內心對「改變」這件事情充滿恐懼，潛意識會強化你的恐懼而實現到生活層面。另外還有一方面是，人們經常都不敢正視自己的慾望，明明心中是有想法，有事情想要做的，卻被框架、道德、禁忌、否定，而忽略了內心的渴望。

慾望在沒被充分表達之下，會出現兩種情況

　　第一種是慾望在沒被正視，表意識上會顯得越來越薄弱，或是會熄滅對念頭的慾望，實際是強制使用意志力壓封起來，

使當時人誤以爲慾望已消失。但由於壓制之下，造成對生命、生活感到無趣，而失去能量、失去熱情。

　　第二種情況是慾望無法受到控制而產生重複性的衝動與行爲，使個人狀態進入更加專橫、失去自我控制能力。最終可能會出現危害健康的成癮問題、逃避現實的傾向，不斷向外尋找著滿足，過度依賴那些令人上癮的事物。最常見的例子是濫用藥物、性上癮、賭博、吸毒。

　　暢銷全球的勵志書籍《思考致富》作者拿破崙‧希爾在書中的第二章有關渴望，提到「信心加上強烈的渴望，使世間任何慾望都能得以實現，這些道理是任何人都可以免費獲得的。」渴望是一種能量，既是一種活力，它可以賦予我們能源，轉化成實現目標的動力，享有飛翔的本領，邁向世界。

　　有一些人認爲擁有慾望和需求是錯的，不被認可的、很糟糕的，所以就一味壓制內心的渴望，試圖把它從意識裡趕走，不過往往越是驅趕越會反抗。隨著歷練的變化，我們的需求、慾望也會演化，並非一成不變的，因此需要有效地組織、正視、接納、引導，適當地滿足自己的需求、渴望。倘若一個人連直視、面對自己內心的需求都不敢，那麼何來談活出眞實的自己呢？你都把寶貴的力量拿來壓倒心中的需求，根本沒有多餘空間做其他事，這也可以解釋到爲什麼許多人對夢想只是空想，缺乏行動力的原因之一。順道一提，我知道有一些人內心充滿傷害他人、危害社會、邪惡等等的慾望，假如你內心眞的有這一些想法和慾望，請及早正視它們，了解一下自己的世界

爲何充滿負面、暴力的想法，我們的心靈世界理應是和諧美好的；所以覺察到自己長期被這一些念頭打擾，就需要向專業人士尋求協助，加以管理、調整、修復，重組快樂喜悅的世界。

敢於承認眞正渴望

記得在二十歲左右的我，心中的理想生活是在三十歲的時候，事業有成（找到自己喜歡的事業），擁有一個幸福的家庭，有小孩和愛我的老公；當時的我已對事業抱有一顆充滿希望、期待的心。時光飛逝的十年後，當中的所有願望只有一個實現了，那就是找到自己熱愛的事業，雖然還在建立、學習與經營中，並沒有做到當年所想的成就。說到這個成就，當年我認爲是要成爲某某公司的管理人，有份穩定薪水；對此之外，根本沒有什麼概念，不清楚自己擅長什麼，喜歡的事與熱情在哪。不過就是憑著這股熱心，經歷十年的人生磨練和嘗試，才發現、也敢承認心中眞正的渴望和想要成爲一個怎麼樣的人。

可能你會好奇想知道「當年你的理想生活除了事業之外，還想擁有一個幸福家庭，有小孩和老公，現在不想要了嗎？」

這條問題也有不少朋友和個案問過我，而我的回答是（微笑）：「擁有一個幸福美滿的家庭是每個人都渴望得到的，可是當我探索、療癒、面對到眞正的自己之後，我驚訝地發現原來我有這樣的想法只是想彌補我的童年得不到的家庭溫暖而已，所以從前才有這樣的想法，但實際上我並非想要小孩的

人。回看過去到現在，眞的非常非常感恩，隱形中我的指導者一直引領我，走到眞實渴望走的路。當然如果遇到適合、愛自己的人，我也會很開心；但還沒遇到之前，先好好照顧自己，把自己活成最亮的人，那麼幸福只是遲早的事。而且我現在也有很多不同的幸福，比如說，**能夠坦承做自己就已經是人生最大的幸福了。**」

曾經看過這樣的一句話，「什麼是夢想？夢想就是大於你所能。」頓時明瞭，夢想不是現在所能輕易完成，而是透過未來所能實現出來。從前的我爲自己設下了許多限制：「覺得自己做不了」、「夢想就是天方夜譚」、「覺得嘗試了多次都失敗，感到挫折、沮喪」，所以就把夢想、目標放在一旁，因爲自己的狀態都搞不好，更加沒有力量尋找事業生涯，甚至經營人生方面更是一塌糊塗。在本書中多次說過我是一個內心深處擁有著一顆永不放棄自己的心，也因爲有了強烈的信念，宇宙和所有的萬物都被感動；透過生命的所有過客、事件來磨練你，最後讓你自己尋找到屬於你的答案。

答案一早已出現

我會那麼強調是屬於自己的答案，是因爲多數人都喜歡透過別人的嘴巴來告訴自己，你適合做什麼，你可以往哪一方向走。

而我與個案咨詢的過程中，除非當事人眞的太迷糊而不

知道了，我才會微微提醒，但絕對不會明確指示一定要往哪一個方向走。舉例來說，當人在迷失的時候很容易跑去算命，希望藉由他人告訴自己可以做什麼，往哪一個方向走。假如這位算命師告知的方向並非你心中想要聽到的答案，相信你也不會這樣做；除非你非常信任這位算命師，哪怕你內心渴望聽到的答案並非如此，也會聽從他人的意見做出行動。在這個例子當中可見，其實你內心不是已有答案嗎？就像感情裡常見的問題「要不要跟對方分手？」其實當事人心裡早已有答案，但又很希望由外界的人來說出自己心中的答案，之後你就覺得好像有了支持、更確定的方向，才會採取行動。當一個人過度迷失，被情緒、被思緒滿滿包圍，是看不到、感受不到任何的愛。同時也看不清、找不到，心中一早已有的答案。

　　人生是自己的，要成為一個什麼樣的人，要如何創造生活是自己的事。我們要明白知道，他人所喜歡的你是他人的事，而不是「成為你」需要關注的因素，能做到這一步已經是跳脫「滿足別人期待」的框架。接下來你不需要強迫自己成為一個不是你的人，接納內心的渴求，並攜帶著勇敢、信心一齊創造屬於你的精彩人生。無論你的夢想或願望是讓你的家人、朋友，還是讓大眾社受惠，甚至是為了使自己得到幸福豐盛，前提都需要深入了解自己需要、渴望擁有什麼？同時了解為什麼渴望得到呢？對目標實現的原因越是清楚、了解，實行的推動力就會更加強而有力。

擁有夢想與目標是人生中，最為興奮，最有能量，最為活力充沛的事情。

心靈探索空間

1. 閉上眼睛，用心感受，問問自己：「現在我的內心最渴望的是什麼？」相信腦海裡有一個畫面、訊息或是聲音出現，它就是提示或是答案。

2. 檢視一下，現在的生活中，在家庭、親密關係、親子關係、財富等的區域裡，有不滿足的部分嗎？當中有需求但卻未被滿足的部分嗎？如果有，是什麼呢？請根據在每個區域裡的不被滿足部分列出來。（誠實作答）

3. 想像一下你心中的夢想、願望實現在你眼前，你會感受到什麼？興奮？期待？

第40章
為何缺乏做自己的動力

　　想要改變自己，必需由內到外，徹底改變潛意識裡的運作模式。

　　是否已經嘗試過很多方法改變他人或是改變自己，試圖從中獲得快樂、讓財富進入生命、遇到適合伴侶。但是嘗過許多方法之後卻沒有得到預期效果，引致越來越不懂得怎麼做，感到挫折、意志力下降，接著就放棄了。其實過去的改變，得不到有效的結果，很重大的原因在於只是頭痛醫頭，腳痛醫腳，治標不治本；真實的追蹤源頭是在潛意識裡。

　　我們心靈世界就像圖6所顯示的樹。圖片上方呈現的部分是果實，就是我們內在所產生出來的實相；而中間的部分就是樹幹，所負責的工作是傳遞樹根的養分，輸送智慧、把所吸收到的知識、化成肥料，從而滋養果實達到開花結果（就是採取行動後得到結果）。然而許多人都不了解、忽略了，樹根的部分才是最重要的。樹根的位置就是我們的內在世界，連結潛意識，當中所儲存的信念、思維、價值觀都會透過內在系統逐漸顯化到外在世界；所以我們的外在就是內在世界的投射，種下什麼，就會開什麼果實。每個人的潛意識就如一畝田地，種下什麼就會結出什麼果。

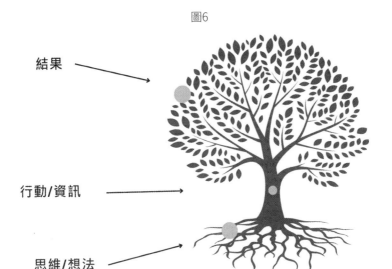

圖6

結果

行動/資訊

思維/想法

圖片樹的來源：Canva網站

相由心生

　　根據這幾年來與個案接觸和研究後，落實在自己身上，明顯發現到；潛意識裡裝載著各式各樣的想法與信念，同於這一些沒被發現的信念、想法，於潛意識的程序裡成為一種驅動力，使我們產生行為或行動，再製造出所看到的結果出來。例如「你相信改變自己、提升能力是可以讓家人過上美好的生活」，這就是你的想法，接下來便會帶動你提升技能、積極學習和充實自己（所產生的行動），最後因為你的努力和信念，最終找到一份豐厚收入的工作。相信在你的日常生活中，也有

基於某一些信念或想法，造成相對的成果出來，如今你有意識到自己心中儲存著什麼思維想法嗎？是正面的還是帶有負面的？這就是我們常聽說的相由心生，內在反映於外在世界。

潛意識是不懂得分辨或是質疑所接受到的訊息，假設今天接收到一個訊息，它不會理會其中的準確性就直接照單全收，然後發揮令人震驚的威力，默默地讓錯誤的訊息或資訊成為現實。除此之外潛意識是情緒的住所，也是記憶的儲藏室，就如電腦內的大數據，擁有許多大大小小的文檔，儲放了出生到成長以來的記憶。如果你因為對一件事情而耿耿於懷，產生埋怨、恐懼、負面情緒、限制思維，潛意識就依據這一些根深蒂固的思維、信念，慢慢在心中形成種子萌芽，再進行顯化，讓所想的達到心想事成。是的，不要以為美好的事情才會心想事成，負面、糟糕的事情也會因為你不斷持續投入關注而心想事成的。

惡劣種子的禍害

曾經在我的Youtube頻道分享了一支有關親人離世的影片，當中描說因為外婆的過世而陷入悲傷難過。然而當年的我沒有能力、更不懂得幫助自己，於是無意識地選擇逃避的方式；當時我是相信這個想法能夠幫助到自己：「時間是可以療癒、淡忘一切的傷痛」。事實真的是這樣嗎？實際上我是背負著這個傷痛長達快要九年，才意識到原來它對於我一直造成負

面的影響；在潛意識裡儲放了大量無法被化解的情緒，使我內在與外在欠缺動力，經常覺得心好累、易疲倦，被無力感重重包圍，但我卻不知曉。直到後來我遇到療癒的契機，想要放過自己，真心想讓自己快樂，因此再痛的舊傷，也得把它治療好。

最終通過完全的釋放，再度經歷崩潰痛哭，重建和修復心靈世界的和平。之後很明顯地發現到，由本來囤積情緒的狀態，內在變得暢通，能量也流動起來了，**因此就可以更有動力、專注力，投放在能夠為自己建立幸福、快樂、豐足的事情上，這也是為什麼我經常有活力的原因，心能流動起來，自然更有專注力在做自己喜歡的事情。**（有興趣可到我的Youtube頻道，觀看早年前所拍攝的那支「親人離世」的影片）

當潛意識裡儲蓄的是大量的恐懼，害怕被批評，心存妒忌、抱怨、責怪別人、負面情緒和心靈傷痛，這些都會引致心靈缺乏營養、堵塞能量暢通，並且是具有嚴重破壞性的種子。隨著它日益逐漸成長，外界世界所遇到的人、事、物就會圍繞著負面的形式出現，而你還在不自覺的情況下，過著埋怨、不滿意的人生。很多人都覺得自己的人生為何總是倒楣、不如意，埋怨自己的出生背景不好，甚至會認定這就是命運了，於是就無奈地接受，也因如此，潛意識為了實現所相信的信念，所以塑造了一個惡性循環，繼而在現實生活中如實地展示一種不幸人生的跡象。

了解你的信念種子

　　想想看，終日抱著失敗感、自我批評、恐懼、消極想法、到處埋怨，這樣的生活態度對於自己又有什麼好處？有想像過你的內在那顆樹是長怎樣？（圖6）產出的果實有讓你滿意嗎？假如從前的你是不知道在潛意識的所有思維想法，情緒足以影響一生，如今瞭解了，有否想過改善自己的生活？活出快樂的自己？臉上展示歡樂笑容呢？如果答案是的話，首先第一件要做的事情是，從今天開始為自己下定決心，第二件事情是檢視有什麼信念是妨礙你前進的，以下有一些例子可以協助你。

　　你有否曾這樣想？如果有，小心這一些種子所產生出來的果實。

　　「我想改變現在的生活，但覺得自己很難做到」

　　「改變好像好漫長的一條路，離我好遙遠」

　　「算了吧，我的人生都這樣了，怎麼可能可以改變？」

　　「如果我做自己好像太自私」

　　「做自己都會被別人討厭」

　　「我在意別人的眼光，怕被批評」

　　如上述所提到有關外婆離世的事件中，我相信著「時間是可以療癒、淡忘一切的傷痛」，在我深深相信它的那一刻，內心已經認為它就如真理一樣的穩固。在家庭、事業、感情方面，有什麼信念是你覺得是一個理所當然的存在呢？我們要當

自己的守門員，過濾和防禦陷害我們的資訊、信念進入潛意識的田地散播有毒的種子。

改變真的很難嗎？

當你想要真心做出改變的時候，先覺察自己是否有一種想法「改變是很難」，如果你心存著這個想法，改變自然是不會成功的，因你已經預設了它是困難的。許多時候困難也是我們所想像出來而已，慣性使用舊有的模式來看待眼前的新挑戰。

在單元二我曾提到有關小時候跨欄杆的故事，那時我被恐懼圍捕，所以在首次面對超出身高的欄杆就害怕卻步。如今回憶起來，那只不過是我看到眼前的欄杆產生了想法、恐懼，接著就被這些想法干擾「好高，很害怕」、「我覺得我做不到」、「感覺好困難」。這都是我被眼前所看到的事物而伸延出來的想法，倘若我今天調整了新的想法是「**我相信自己可以跨過的**」，就會改變所投射的觀點角度，接著就產生有效的行為。

選擇「做自己」有一些人會認為是自私、不理會他人感受，相反它也可以是為自己建立界線，活出自己的表現；每件事情都有多種角度，在於你使用哪個角度來看待。過去在無意識的狀況下，有一些信念是被誤導、不合理或是愚蠢的，跟長大後的你產生矛盾的，於是內在產生糾紛、衝突，當我們陷入一個矛盾裡，我們便無法阻止自己做出一些我們根本不想做的

事情（在意識狀態下）。

我們從來不缺資源，只缺一顆心

　　我們常覺得沒有機會，沒有際遇，沒有能力，沒有人愛，不過實際的情況真的是這樣嗎？有一次我幫助家人處理一些法律相關的文件，講到這裡，通常人們一看到有關法律事項就已經有了第一感覺是「覺得很難呀」。幸好我經過學習之後，已把這個壞模式轉變了。在處理事情的過程中，我發現其實並非真的如昔日所想的困難，反而發現到現在社會上是充滿許多有用的資源為大眾提供服務，例如提供相關方面的知識或是尋找協助的管道。那為何沒被我們所發現了？原因是我們被思維信念困在心靈監獄裡而導致忽視外界的資源。

　　除此之外，有一次我跟朋友約吃一家非常有名的餐廳，事前需要提前在網上預約，剛開始的時候都是朋友在網上預約的，可是總是不成功，每次預約都滿了。後來就換成是我到網上預約，剛開始確實很快就預約滿了。雖然如此，但Jade的精神就是不輕易放棄的，所以我就在想「為什麼每次都預約不到呢？到底是哪一方面出錯呢？會不會當中有一些技巧是我不知道的呢？」也因為有了這一些疑問和探究，促使我到網上尋找解方、也致電到餐廳查詢，後來經過一番不放棄的過程，最後當然成功與朋友聚餐。

　　在這兩件日常生活的事情中可見到，我們很常被眼前的

「未知事件」嚇壞了，從而懼怕往前走。先入為主地設定自己無法完成這件事，因為總是用「我讀書不多，沒有這方面的資源」、「我沒有嘗試過，一定是不能辦到」、「反正我不如別人的厲害，算了吧！」等等推卸理由，讓自己持續待在舒適圈。

這裡也反映出一個人到底有沒有心真的想要幫助自己，**真心想讓自己快樂健康幸福，就不會太多推辭和藉口**。其實大多數的人內心都是依賴、期望別人全力以赴地幫助自己渡過難關；由此看來，你便會知道為什麼你在個人或是心靈成長方面都沒有得到明顯的成長和進步的原因。如果我們一直把責任、把所有讓自己成長的機會都推卸到外界，那麼想要成為一個快樂、你喜歡的自己就是一件難辦妥的事。

試想一下，如果今天沒有任何一個人幫助你，難道就這樣放棄自己的人生嗎？

要活出耀眼的自己之前，首要為內在那顆樹悉心種植，把枯竭靈魂的雜草拔掉，散播耕耘正向種子，並加以澆水，吸收太陽給予的營養，持續成長，便能種出理想的果實。每一個來臨這世界的人都是獨一無二的，成為一個幸福的人也需經歷生命藍圖的安排，採取當中不同養分作提煉，使你有能力展翅高飛，走出獨特的人生故事。

心靈探索空間

1. 了解潛意識裡頭裝載著對我們影響極具深遠的信念想法後，就可以從往內探索、展開療癒，讓自己從舊模式裡脫胎換骨，成為你最愛的模樣，活出幸福健康的人生。

2. 總是認為改變很難就會變得很難，這都是我們為自己所設下的限制，假如一直沒被覺察，它們便一直在潛意識裡干擾著我們的命運。

第41章
計劃理想的模樣

生命總不會如你所想的方式來呈現，而是根據宇宙的安排，但一切安排都是爲了成就更好的你。

個案們在迷茫時期，都會問我對於生命的看法，比如說：

「爲何生命要接觸不同的痛楚？」

「爲何我的人生總是過得倒楣？貧窮？」

「爲何我的父母不愛我？從小就被拋棄？」

「如果我可以出生在一個富有的家庭就不用受貧窮之苦，更不會活得不快樂。」

這一些的問題，如果沒有「經歷」，是永遠不會有答案的。當你來臨這個世界之前，屬於你的人生藍圖已經正式運作，人生功課也順勢展開。

生命的呈現

也許我們的出生表面上看似不對等、不公平的，有的人出生於富裕家庭，有的人出生於充滿愛的家，有的人一出生就被父母拋棄，有的人出生在支離破碎、暴力的家。這一些面貌的確使人肯定了自己就如表象所顯示的一樣，就等於無法改變了。事實並非如此，有一樣東西在出生的時候，大家都是同樣

擁有的，那就是一顆純粹的心。無論你的出生如何，生長環境如何，純粹的心一直都在，只是隨著成長產生了變化，難於覺察到這份寶貴的禮物，最後更由於黑暗漸漸靠近，繼而吞噬最美好的一顆心。也因爲喪失了這顆純粹的心，使我們看待事物的角度也有偏差，變得不再輕易相信，對世界充滿消沉陰暗、雜亂的想法，更惋惜的是完全封閉自己的心，與世隔絕。

以上都是我們失去相信自己的原因，總是懷疑自己能不能做到某件事？猜疑改變眞的有用嗎？改變會很難嗎？不能夠信任自己可以突破眼前的困難和恐懼。每個人的出生背景、原生家庭確實是不可以改變，但我們可以在後天改變自己，重新拿回人生主導權，成爲自己的生命創造者。

每個經歷缺一不可

我非常喜歡蘋果公司創辦人史蒂芬‧賈伯斯（Steve Jobs）曾在史丹福大學畢業典禮上的一段演講「你無法預先把人生中的點點滴滴串連起來；只有在未來回顧時，你才會明白那些點點滴滴是如何串聯在一起的。」

如果我沒有經歷本書所說的大大小小故事，其實也不會發掘到內在的力量。曾經我抬著頭問天空：「爲什麼要經歷那麼多的痛苦、苦難？到底什麼時候才結束？」，很可惜當下並不會有答案的。正如史蒂夫‧賈伯斯（Steve Jobs）從開始創立蘋果公司到後來被逼離開自己一手創辦的公司，這種痛楚，彷

彿在身上被插了好幾刀；不過也因爲有了這番經歷才有了我們現在所認識和廣泛使用的蘋果產品。

生命遭受到的痛苦、磨難，反而是來渡你的；每個經歷是缺一不可，都是提升個人能力的種子，讓你可以配得上你的夢想、理想。

如果一個人的夢想，沒有配合行動，能力薄弱，那麼它就只是一個空想。因此每一件發生在人生的事情，都是爲了成就心裡最渴望的自己。

計劃理想的模樣

你想擁有什麼、想要成爲一個你愛的人，就要有明確目標和方向。在1953年耶魯大學做過一個研究，同學被問「你是否已有明確以書面寫下來的目標，以及達成這些目標的計劃？」結果只有百分之三的同學有這樣的書面目標。二十年過後，研究人員和1953年班上所有還活著的同學進行面談。他們發現，具有明確目標之百分之三的同學財務資產總值，超過其他百分之九十七同學的全部資產總值；另外也顯示該班有明確目標的百分之三同學的喜悅和快樂程度的分數是比較高的。

要活出喜歡、活出最耀眼的自己是需要有計劃的。基本大方向是先了解自己後計劃，之後就是實踐。到了後來某些階段，你可能需要重新整理或是調整那個時候的自己。就像在日常生活中，計劃是充滿變數的，隨著身邊的人事物或內容的變

化而做出改動，活出獨特的自己也不例外。

　　如果你問我要怎樣才能成為一個自己喜歡的人？我會形容整個過程就像烹調一頓晚飯。相信曾有下廚經驗的人，應該會有以下的經驗。當你要煮一頓飯之前，首先會思考，今晚需要煮幾道菜餚呢？就如以下左圖所顯示，例如三道菜？四道菜？是咖哩飯？炒青菜？還是海鮮？當決定要煮幾道菜後，接下來就要想，這幾道菜到底需要什麼材料呢？接著就是準備這幾道菜所需要的一些材料、調味料，繼而加以整理、清洗、調味；最後一切都準備好了，就可以開始烹調，把屬於每道菜的材料下鍋子烹飪。

明確目標才可實現

　　想要成為一個自己喜歡的人，首先要了解你喜歡的是怎樣的？什麼類型？有一些人可能會對於這方面真的完全沒有想法，都不知道自己想要成為怎樣的人？什麼樣子才是自己喜歡的？建議你可以先從思考和觀察做起來，觀望在平日裡，你遇到什麼類型的人使你欣賞？隨後心裡會有一種想法想要成為像他們一樣的人。如果有的話，請靜靜地，回顧一下，你喜歡他們哪一種特質？特徵？是外貌？身材？談笑風生的本領？內在修養？氣質？溫暖的笑容？開朗？如果你了解自己喜歡、欣賞別人的哪一個地方，就等於知道烹調這一道菜的材料是什麼。就像以下右圖一樣，可開始準備挑選這道菜所需的不同材料。

活出最耀眼的自己　262

圖7

左圖.每一道菜 　　　　右圖.加入不同材料

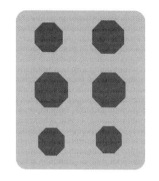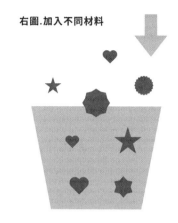

　　舉例來說，想要成為一個開朗既充滿溫柔笑容的人，就往自己內在探索吧。認識、關懷和療癒內在小孩就是第一步。理由很簡單，當你的內在小孩不快樂，自然反映出來的樣子就是不快樂，充滿負面消極情緒，何來開朗的笑容呢？因此好好療癒、撫慰受傷的內在小孩，往內滋養心靈，這道菜就煮好了。

認識真正的需求

　　這樣看起來是否對於成為一個喜歡的自己，點燃了信心之火呢？在如今資訊發達的年代，許多知識、技能、內在培養，都可以透過上課或學習，慢慢實踐出來的，所以我們不需要害怕沒有辦法的；前提先要弄清楚自己想要的模樣，接著就可以往一個目標方向前行。可是如果今天你不了解自己喜歡或愛的

模樣，那就很難準備材料，因此才一直強調需要往內探索、認識內在自己所需要是什麼？這樣才能夠比較容易找到明確的方向。一旦有了明確的方向、目標，就可以準備當中所需要的能力、具備的條件，而這個方法同樣可以運用在實現個人目標、夢想方面。

　　不過我需要再強調以下的觀點，也經常在Youtube頻道分享，想要活出幸福快樂，就要聆聽內在的聲音，接納和正視心中所渴望的並把真實的自己活出來，從而慢慢成為一個你愛的人，而並非他人所期待的模樣。當然每個人的選擇都不一樣的，有一些人總認為犧牲自己換上別人的快樂是值得的；對我而言這樣是沒有對錯的，只是個人選擇而已，尊重別人的選擇就行了。若是選擇成為犧牲者，就要覺知和承擔當中所帶來的後果，例如失去自己，活得不快樂，終日擔任受害者角色，陷入情緒低落、不斷抱怨的生活模式。很多時候我們對於快樂的觀念都存在著偏差，好像一直誤以為快樂一定是別人給予的。其實快樂是每一個人的責任，沒有一個人應該要為你的快樂而負責的；包括父母、伴侶、朋友、同事、老闆等等，都各自擔起著為自己創造快樂的責任。同樣地，別人不為你供應快樂與愛的時候，你是需要、也有能力可以為自己提供的。

　　當你已經勇敢了解過自己想要什麼，就可以重新為自己的人生藍圖進行規劃。

1. 生命的藍圖選擇你在此時此刻面對目前痛苦極致的問題，並非想要折磨你，把你打到一敗塗地，反而是知道現在的你具備潛力，擁有足夠的智慧突破，有勇氣穿越恐懼，顯然這就是生命藍圖設計的意義。它是要試圖喚醒沉睡中的靈魂，喚起內在那股巨大無比的內在力量。

2. 生命總蘊藏著無比智慧，所相遇的人事物是為你帶來成長的訊息。

3. 試回顧你的過去，有沒有一件事情，如果當時沒有這樣發生，也許你就不會有之後的行為改變呢？通常比較常見的例子是，因為失戀而進行外表形象大改造，把自己打理得比從前更加動人；又或者經歷過創業失敗，使你發奮努力，充實自己，如今事業得到翻滾幾倍的回報。以上的事情在經歷的當下一定是很痛苦沮喪的，但它們造化了今天更好的你。如果你有這種經驗，請你現在衷心地感謝當時的自己，做了最好的選擇。「謝謝你」

第42章
給自己一張理想清單

從寫下願望的那瞬間，宇宙魔法已經被啟動了。

每一個人的潛意識都是自己的小宇宙，當我們在某方面做出決心後，並且相信它會變成事實時，我們的小宇宙便會發揮它所有的力量，把你的決心推向實現的方向。然後在不經意的某一天，將會發現你所相信的已經成為了現實。

《大膽思考的力量》這本書當中有一段內容是：當你順從自己的渴望，讓自己執著於某個目標，你便能獲得達成目標所需的力量、能量以及熱情。同時你也獲得某樣有同等價值的東西，也就是必備的「自動裝置」，它能讓你直接奔向自己的目標。當你順應自己的目標，目標本身便會進入你的潛意識運作。你的潛意識永遠都保持平衡，而意識則不然，一旦與潛意識所想的不一致，便會失衡。

在我的人生中，無論是健康、快樂、財富、事業、困境和生活上的難題，都是得到潛意識全力的支持和指引，使我每次在猶豫不決、不知所措或是優柔寡斷的時候，總是指導我該往哪個方向前進。因此只要你清楚了解真正內心所渴望的，就交由潛意識為你辦妥就可以了。記得你也要配合實際行動才行，不是說躺在一旁什麼事都不做，機會來了也不把握，這樣是不會自動轉化的。

活出最耀眼的自己　266

一張明確地圖的重要性

　　回顧一下，平常你出國旅行，出發前會查看當地的地圖或路線，方便了解和計劃如何到達目的地。然而從你決定這次旅行的那一刻，有沒有發現心情就已經跟平常不一樣？變得積極、興奮、期待、熱衷，這都是由於你擁有了明確目標、願望所產生的正向能量，**當一個人有了人生目標，將會變得容光煥發，樂觀開朗，心胸廣闊。**除此之外，想必在出發之前也會寫上一張清單，把需要準備或是待辦的事情列出來。無論對於實現人生目標、夢想或是成爲一個你愛的自己也好，都需要有一張清單、一張地圖、一份計劃，明確列出到底要如何進行？並且透過採取行動和落實，才能有效的實現。

　　提到願望清單、夢想清單，不知道在你過去的人生中有否嘗試過寫了很多不同的願望列表，甚至做了夢想願景板，可是到頭來目標也沒有實現？也因爲沒有實現，加重了失落感、失望、更爲懷疑增加分數，認爲「這都是欺騙人的，根本就沒有發生，什麼都沒有出現？」每一件事情、產品的出生之前都會經過無數次的改良、優化，最後才會在大眾面前曝光，就如當年蘋果手機的出現。我們的生命得不到顯化，當中肯定是有一些原因阻礙了；因此通過深入探究，清除心靈堆積如山的垃圾，進行改善才可以讓內在能量流通，從而達到心想事成。

目標和願望不能實現，當中有5個不容忽視的原因

1.內在狀態要進行改變

就如我在第一單元到第五單元中說了不少有關限制思維、潛意識的影響，都是深深影響著一個人的命運，一定要詳細探索哪一些限制、拖後腿的思維想法是什麼。如果你改變自己的思維、信念，你的行動就會改變。所以如果問題出於行動力不足方面，只需要清理、改正潛意識裡的信念和釋放舊有信念所產生的負面情緒就可以了。這一點是很重要的原素，記住潛意識的力量是令人無法預測的，永遠比起意識層面的你，更為無限強大。

2.沒有完成日期

為什麼夢想、理想對於大多數人來說是空話呢？因為許多人只是嘴巴說而已並沒有定下一個實際的完成日期給自己，一直在拖延，永遠告訴自己明天、下個月或明年就會做了，但遲遲拖拉不行動，最核心原因是心並沒有真正下定決心。當你真心決定了，意識與潛意識才可以一齊合作把你所想的願望實現。

3.對目標不完整的誤解

這是什麼意思呢？舉例來說，今天你想要儲到100萬，接著你就會拼命儲錢和努力賺錢。不過在這過程中，也許因為你太拼了所以導致健康出現問題；生了一場大病反而需要靜休一

段長的時間才可以再次工作。這就是我想說的，大多數人在爲自己寫下目標或願望時，並沒有實際考慮這問題「你有想過會失去什麼嗎？」，有一些人在拼命賺錢和工作的同時失去了與家人相處、失去自己的健康、失去自由，而這一些都是當時人暫時沒有能力接受的，於是內在就產生大量的內疚、自責、負面情緒，慢慢被折騰至動力下滑，陷入憤憤不平、滿肚子怨氣。到達這種情況，一般人通常都放棄了，也因如此夢想、目標就沒機會實現了。無論你想要成爲一個怎樣的自己或進行目標，請好好考慮一下，倘若在過程中會失去某人某事，你願意嗎？你甘願放棄的是什麼呢？經過認眞思考後，也許你的願望、目標會牽涉到其他人，可能會產生衝突；那麼就爲整體之間想出方案，達致平衡取捨，再加以調整落實的過程或是目標完成的時間。這可以減緩負面情緒的產生，避免內戰消耗專注力，而遲遲不行動。

4.對於目標沒有實際的方向？方向太大了，不知道細節要如何進行？

當有了明確的目標方向、想要成爲的模樣之後，先爲自己設立短期、中期和長期目標。普遍來說，一個目標若是太大是需要花許多時間才能夠完成的，例如成爲醫生、律師等等的專業人士，就需要完成相關的課程畢業，再實習才能正式執業。在這過程中，需設定短期完成事項並根據自身的能力作調整或是學習；當短期目標完成之後就可以進行中期的目標，再

完成了就慢慢往終極目標前進就行了。我曾經就用這個方法來減肥，首先透過設定短期目標減輕每天的進食量；達到之後就進行中期目標，每周運動四次以上；接著就是兩者一齊實行，最終成功瘦身塑形。許多人內心會想，願望與自己現在的距離太遠了，感到好像在作白日夢。其實只要把願望分攤為細微、容易執行的事項，距離便隨著每個目標的完成而一點一滴地拉近，這樣就解決了你覺得目標、夢想好遙遠的想法；然而透過這種方式進行任何的目標都是實用的，包括活出一個你愛的自己。

5.原因是什麼？

這一點是最重要的所以才留到最後。我們必須了解為什麼要成為那樣的人？為什麼要實現那個目標？如果你的「為什麼」不夠確定的話，就很容易放棄。在全球暢銷書《先問，為什麼？：顛覆慣性思考的黃金圈理論，啟動你的感召領導力》作者賽門・西奈克（Simon Sinek）提到的黃金圈理論裡分別說到「做什麼」「怎麼做」「為什麼」，在這三者當中「為什麼」是最核心的部分，代表著目的、使命、信念，為什麼你要做這件事？

當明確了解自己的「為什麼」就能突破眼前的困境。在我不斷學習，成為一位助人的療癒師的過程中，的確遇到非常多大大小小的問題，許多更是首次經歷的困難，接著還要面對生活的瑣碎事，當中所承受的壓力真的是前所未有。雖然如此，

活出最耀眼的自己　270

但是每次當我爲工作而感到低落，出現懷疑的時候，我都問自己：「你還記得爲什麼你要這樣做嗎？初心是什麼嗎？」

我的答案：「生命影響生命，幫助人們從心靈監獄裡解放，重拾笑容，活出屬於自己的光。」，就是這顆初心，讓我又回到挑戰滿滿的生活，持續走下去。**清楚明白初心和你的爲什麼，才能堅定不移地往目標道路前進。**

每個目標、願望、夢想，它們的出現，一定對你存有非凡的意義，不要比較夢想的大小；首先要肯定、認同你的夢想、目標，哪怕別人如何不認同，重要的是你如何看待它，對於你的意義又是什麼。

開始靜心寫出渴望

由於了解以上五個不容忽視的因素之後，接下來請懷著已經心想事成的心情，盡情的寫出你的願望、目標。將一個目標寫在紙上，這個行爲本身就是整理內在的渴望，對自己想要的事物做更精確的思考。當你寫完之後，把懷疑的習慣戒掉，相信它並交給潛意識爲你執行，敞開雙臂接收機會的來臨。

請根據以下圖8的表格進行填寫。在家庭、事業、感情當中，你的願望或是目標是什麼呢？（誠實面對心中的渴望）這個表格也可以運用在健康、財富、人際關係等等。清單的內容可以隨著深入了解內心真正想要的，而做出調整。記得寫下填寫表格當天的日期，在未來就可見證你所創造的奇蹟。

圖8

寫下願望的日期：

_____

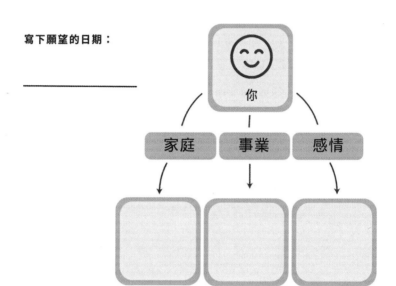

1.當一個人有了人生目標,將會變得容光煥發,樂觀開朗,心胸廣闊。

2.狀態可以被定義為任何時間在我們的大腦內所發生的千千萬萬個神經系統運作過程。大多數的情況下,我們遇到某些事情就會無意識地覺得沮喪、煩惱、焦慮、妒忌,然而我們當下是不知道自己受著情緒影響而產生了不同的行為。如果想要提高對自己的覺察程度,下一次感覺身心又有情緒來臨,不妨在內心裡,問問它叫什麼?與內在展開對話。

3.如何確認潛意識與意識是一致性?請閉上你的眼睛,靜心地,慢慢回想你想要活成的樣子、目標、願望。當你腦海浮現那個畫面的時候,感受一下,你對它的感覺是如何?是完全的正面?還是當中存在著懷疑、不確定性、恐懼呢?如果存有這一些想法,就等於你的潛意識並未與意識達到一致。

第43章
5個方法，蛻變成自信的天鵝

想要活出獨特的亮點，綻放最耀眼的自己，一定要活出自信的你。

小時候我很喜歡聽童話故事，其中一個最讓我喜歡的並非是公主王子幸福在一齊的故事。而是一隻被認為醜陋無比的鴨子，被同伴拋棄、流離失所，到最後變成一隻美麗的天鵝，沒錯，這個故事叫做「醜小鴨」。

曾經我覺得自己是一隻醜陋又自卑的小鴨，不被喜歡，不被重視。雖然我是這樣認為，但也有幸運的部分是，遇到的朋友和人際相處方面是沒有太大的問題，反而人緣也不錯。接下來會跟你分享有關我這隻醜小鴨蛻變成自信天鵝的過程。

缺乏自信的醜小鴨

在第5單元有提到曾經被痘痘問題困擾長達十幾年，翻翻覆覆造成自卑，總是不敢與人有眼神接觸，害怕別人的眼光，也很討厭照鏡子；因為不想看到鏡子裡那個醜八怪，越看越煩躁、焦慮，弄致心情非常沮喪。除了不喜歡自己的樣貌、也不喜歡自己的身材，唯一喜歡就是身高，總之看待自己的態度就是厭棄、愛挑剔缺點的部分，後來更直接逃避、不敢正視這一

切。可惜當時的我不知道這種自我評價的過程，形成了惡性循環，才會不斷重複發生相同的事情。

我就是這樣縮藏在自卑的貝殼裡快二十年，直到經過獨立生活、失戀、人生際遇之後，對於照顧自己的外表才點燃了「改變之心」。因此有一段時間把專注力投放在打理外表、穿自己喜歡的衣服、嘗試不同衣著風格、打扮、健身等等。那段時間確實可以從鏡子裡看到不一樣的自己，激起快樂愉悅的心情，不過後來隱隱約約感受到內在深處，並非真的那麼快樂。

醜小鴨的蛻變，超越是從相信開始

當我開始意識到自己並非如表面上的那麼快樂的時候，出現了企圖要逃離這個「覺知」的行為，不想承認自己做了那麼多東西，為了討好、取悅自己快樂，但實際上做不到。對於這份「不想承認」的心情，越是抗拒越無限擴大，於是為了分散注意力就往外拋擲更多的心思，試圖藉由外在任何形式讓自己真的快樂起來，可惜都是失敗。

後來直到我遇上不同的心靈療癒工具後，開始往內探索、認識自己、照顧內在小孩、滋養心靈。我能從多次的心靈旅程，與潛意識連結並療癒過去受傷、擁有受害者心態的我，覺察到原來真正的快樂就藏在內心那塊隱世的平靜土地。這種快樂是如此的踏實、穩固、和諧、平靜，彷彿它是可以留得住。更明白到依靠外界所獲得到的快樂都是短暫的，很快就消逝，

轉過頭又要再尋找下一刻的快樂。經過多場勇敢的療癒之旅，陪伴自己面對傷害、傷痛，一道又一道的疤痕撕開再修復；雖然許多時候我都能夠在影片裡談笑風生地分享當中的經過，但這一些過程真的很痛，很痛。有時候痛到都想放棄，更會問為什麼要這樣折磨自己？但每次的答案都是「為了成就最美好的自己、讓自己能從心散發出光芒和笑容。」

也因為在每一次的療癒經歷中，看見自己的突破、英勇表現，最終所帶來的收穫和效益，進一步地發展出自信。經過獨自一人的修煉，走過風吹雨打、艱辛的路程之後，我這隻醜小鴨成功蛻變成天鵝，漸漸發揮出屬於自己的特色、光芒，照耀他人，同時得到自己的喜愛，這是一生最大的禮物，謝謝。

為何會缺乏自信？

除了別人為我們貼上標籤以外，自己才是最常為自己下標的一個人，比如說：「我不懂經營自己，我就是那麼髒，我的外表就是不夠某某人漂亮。」相信你一定有過被父母嫌棄哪裡不夠好的經驗，試想一下，你經常對自己批判的行為，就像父母平時對你的批評一樣。一個人經常在一個被批評、不被欣賞、貶低的環境下，何來建立自信呢？換個角度，其實在這種情況下，也可以訓練出「不在意別人評論」的本領，倘若從中突破了，也是增添一份自信，可存放到自信的儲存庫。

你在潛意識裡的想法會直接決定外在世界的結果，過去你

對自己產生太多不自信的想法，造成重複在潛意識裡播放。沒有一個人或一件事情能強迫你產生想法，除非你願意接納；所以今天想把舊想法刪除掉，你自己是可以作主。

現代人的外貌焦慮

早年新冠疫情嚴重時，我很榮幸受邀到吉隆坡一家中學作有關建立自信的線上講座。在講座快結束之前的問答環節，有一個學生問了讓我印象深刻的問題：「老師，你對於現在的年輕人都偏向容貌焦慮，可以有什麼建議？」這問題之所以使我印象深刻是因為在他們的年齡層，已經意識到每個人都關注外表而產生焦慮這件事情，同時我也很欣賞這位學生問了值得讓人直視的問題。其實不只於年輕人，成年人也有這個情況，你會否好奇為什麼現代的人對外貌的焦慮日趨漸增嗎？

答案就是出現在我們每天都難以割捨的手機裡。回顧一下，通常你一起床之後，除了刷牙洗臉外，之後會做什麼呢？對了，就是拿起手機開始滑動，看看不同的自媒體（有一些人可能一起床就開始滑手機）。在百花齊放的手機世界裡，進入不同人所建的自媒體，猶如進入到別人的世界，看到別人的生活、外表長得多美、多帥，身材有多好，生活過得多悠閒；於是內心的自卑感、羨慕、妒忌又出來了，接著想法也跟著跑出來「覺得自己比不過別人的外表、身材、條件」，腦袋又會經過一輪批判和內耗。由此看來，就明白為何外表焦慮、自信不

足的情況越來越嚴重，都歸因於被外界所拉攏，毫無疑問地迷失自己，拼命做許多加強外表的事情，例如過度整形，最終陷入走火入魔狀態。如果現在你也對自己的行為有所覺察，想擺脫這樣的惡夢，就重新認識自己，回到自己身上，重新建立屬於你的自信。

把自信儲備起來

如上述分享的醜小鴨蛻變，從前我也跟多數人一樣，被訓練出同一套思維、觀念，執著於自我形象、外表、個人成就、伴侶、孩子、職業、名利等等，因此我們的自信就建立在擁有這一些的前提，倘若今天無法得到，就難以得到自信與快樂。

你有沒有看過一些人，他總是表現得自信滿滿，哪怕是面對挑戰的時候，仍然相信自己會把難關突破的。這都是源於他們的自信不是向別人借來的，而是源於自己。自信滿滿的人並非一時之間就能擠出來的，而是通過相信自己，逐漸陪伴自己踏出每一步，經過累積才能散發出獨特的自信魅力。這就等於我們存錢一樣，自信也需要儲起來的。一個人能活出自信，其獨特的吸引力會震懾人心，極具迷人的魅力。

自信的測試

現在我們來做一個測試，來看看你是不是一個對自己有自

信的人。接下來會有兩個步驟，第一個步驟是，請你現在找一張白紙並在紙上**列出你不喜歡自己的地方**。接著當你寫完後，再進行下一步。第二步驟是，**請列出你喜歡自己的地方**。

有沒有發現剛才在你寫不喜歡自己的地方，筆是很快就可以動起來，寫出東西；相反要寫出喜歡自己的地方的時候，好像需要思考、認真想想才能寫出來，甚至完全寫不出來也有可能的。如果你是這種情況，就證明你對自己的自信需要重新建立與加強。倘若是很快就能寫出喜歡自己哪些地方的人，太恭喜你了！持續加油，為你的自信，作好優良的儲備，發展獨有的魅力。卽使你了解到對自己的自信不足，也不需要灰心，因為從前我也有認真做過這個測試，而做的當下也是跟你一樣，寫出一堆缺點、看不順眼、不接納的地方。可是如今我再次做這個測試的時候，就能不假思索地講出來，而且還面帶笑容、抱著欣賞的眼光。如果你想活出獨特的自信，並且散發出自信滿滿的笑容，請根據以下五個方法實行，這也是現在的我持續在做的事情。

1.無論你從前如何看待自己也好，把一切歸零。

從新開始為內在的水杯儲存自信的存款。每個星期的休息當天，好好欣賞自己過去一周的努力、付出、做過的突破，從而獲得到喜悅。只要致力關注自己喜歡的特質上，自信就自然生產了。

2.面對內心的恐懼也是一種勇敢的表現。

每次當你想要做某事情,而那事情又是對你有好處的,請堅持下去和勇敢突破眼前的阻礙。當你衝破的那一天,好好與自己分享這份喜悅、成功感,畢竟你終於做到了,太棒了!

3.在獨處裡建立自信。

在本書單元三中提到培養獨處文化的好處,唯有學會與自己相處,真心享受獨處的體驗,便能掌握創造快樂的關鍵。不要認為創造屬於自己的快樂是件很容易的事,在這世界上有太多人都不會;所以擁有創造幸福快樂的能力,就不需要借取、渴求別人施以的快樂,此時自信心就會越來越大,內心也越來越強大。我曾經寫過一份清單,內容是獨自一人做過的事情,包括跑步、唱卡拉OK、看電影、高空跳傘、開小型飛機、打壁球、一個人面對情緒崩潰、旅行、開車、去迪士尼、爬山……等等。這一些看似需要兩個人或以上才能進行的活動或事情,在過去裡我都獨自一人完成了。列出這份清單的時候內心顯得更有自信、滿滿感動,同時打破舊有的框架,相信自己一個人也可以完成許多不可能的任務。

4.全力滿足自己的需求。

通過深入了解、認識自己之後,誠實面對心中的渴望,認同自身的價值,發揮潛意識的力量,創造所想的需求,並在生活中顯化出來。好好對待、充實自己,就會獲得越來越多收

穫，並且遇見一個令人期待的你。

5.接納不完整的你。

建立自信是由眞正接納自己開始，通過日常生活對自我的觀察、探索、療癒和修復的過程裡，領悟到一件非常重要的事情。每一個人都不是完美的，唯獨自己能接納不完整的自己，自信才能從心裡扎根生長。此時會感受到內在源源不絕的力量，卽使面臨困難的問題也能自信地迎接，如此一來任何問題都能迎刃而解。

1. 是什麼原因使你經常失去自信？是否面對著某人某事，心中的自卑感就更強烈？如果有這一件事情，請把它好好面對，正是它打擊著你的自信。

2. 每天與自己進行暗示的建議，促進信心，請對著鏡子裡的你說出：

   （內容可以自行更改，讓你認同的正面句子）

   「我是一個有價值的人、讓人喜愛。」

   「我很幸福，身邊的家人朋友愛人都很愛我。」

   「我是一個勇敢、敢於突破困難的人。」

   「我的自信會一天比一天的往上持續增長。」

3. 回顧一下，在你的生命裡，曾否與自己一起做過的事情？如果有的話，學我一樣，把它們全部列出來；當你完成之後，看到這份清單，心中一定不禁出現陣陣漣漪般的感動、驚訝、欣賞，接著好好感受它們。如果沒有的話，沒關係的，人生還有時間，現在開始創造屬於你與自己之間的回憶、自信的聯繫，更重要是建立生命中一個又一個超越自己的故事。

第44章
畫出心中你愛的自己

愛因斯坦曾經寫說：「想像力比知識更重要。」他指的是一個人如果相信某件事，這種信念會取代事實，成為其所「相信的事實」。

隨著前一章節，釐清自己的渴望、有了明確的目標之後，接下來就是最讓人興奮、最為創造力的時刻，使用你的想像力，顯化心中所想。想像可以使用在不同領域做出顯現，例如財富、心靈、感情、家庭、精神、人際關係等。

想像力的力量

想像力是每個人都擁有的天生能力，我們一直隱隱約約地運用它。你的夢想或是想像出來的事物，與實際人生裡的事物產生影響，也就是說內心世界為現實世界製作了一張地圖，然後我們就根據這張地圖所描繪的，如實呈現在生活中。

假如我們反覆想像未來某件事情的最壞一面，很容易會如想像所發生的結果，因為潛意識接受了想像畫面的結果，再經由思維方式而產生了行動。同樣的，如果今天我們喜歡做某件事情並且享受其中，內在定必重複著正向的模式，保持快樂和諧的狀態。

有否留意到你身處的辦公室、坐著的椅子、手上拿著這一本書，都是屬於某個人在過去裡所想像的，如今最終成為現實。接著回到自己身上，如今你所擁有的物質、車子、房子、曾經到訪的國家，甚至在鏡子面前的你，一度都是想像的事物。那麼為何它們會實現呢？源於你發揮著想像力的力量，把所想的變成現實。在全球暢銷書籍《思考致富》的第六章提到想像力，構想是憑著想像力驅使行動的一種意念衝動，然而擁有強烈的構想是可以戰勝失望、氣餒、挫折和批評的入侵。想像力是一股無形的力量，卻比產生它們有形的頭腦更為強大。

訓練投籃的實驗

很多研究者找來不同的運動員，經過許多項實驗，已證明心理預演（Mental Rehearsal）與實際用身體去練習所得到的效果是一樣的。心理預演是目標者通過想像或在心理預演並練習成功的樣子，從而實現想要的成果。

曾經有心理學家做過一個有關想像力的實驗，首先邀請不同受試者在籃框投球，並記錄基本的投籃能力，接著把受試者分為三組：

第一組分別連續在二十天內，每天練習投籃。

第二組分別在第一天和最後一天才練習投籃。

第三組分別在第一天和最後一天進行練習投籃，但在頭尾兩天裡都抽出二十分鐘訓練，在大腦中想像投籃成功的過程。

當二十天過去之後，心理學家再把受試者聚在籃球場上，再次分組進行投籃。結果第一組連續二十天在練習投籃的人，平均投入的機率上升25%。至於第二組的表現就跟第一天投籃時的結果一樣，沒有任何進步。另外第三組的受試者投籃的命中率上升了24%，增長幾乎跟第一組的受試者是一樣的。當我們藉由視覺化，向潛意識輸入想像的畫面，變得更有效、敏銳，達致想像化為現實的結果。

把車子停好

我的第一次使用想像力顯化的例子是發生在幾年前。有一次我要到某個地方但是晚了出門；由於當時已經學習了想像力的顯化，可是就還沒實踐過，所以就在這急迫時間想到運用它。於是我在開車前往該場地的過程裡，我一邊開車，一邊在腦海裡想像出一個畫面是「我開著車子經過的每一個紅綠燈都順利、安全地前進，並且準時到達場地。」接著現實的情況真的如我所想的一樣，當時心裡實在太興奮了，感到很神奇。當越來越接近場地時，突然想到這裡很難找到停車位子（繁忙時間），心想怎麼辦呢？就在瞬間，聰明的潛意識給予指引我「依照剛才的想像做同樣的事就行了。」於是我一邊開著車子慢慢駛進停車場，一邊在腦海裡想像去到這停車場的某一個角落，把車子停好在那個停車位置。

接下來所分享的時刻，實在至今仍然很興奮；回到當下

我在開車的情況，我慢慢把車子開進停車場，確實看見滿滿的車位被停了，同時也有多台車子在尋找車位，雖然如此，我還是不太管，就把車子開到剛才畫面所想像的位置附近。結果到達後真的看見那裡竟然空出來一個位置，那一刻難以置信的興奮、高興；最終順利和安全地把車子停好，同時也在指定時間內到達。

這樣看起來，你是不是不太能夠相信呢？這都是正常的，畢竟人們對於一些看似簡單，自己能夠做到的事情都不會輕易相信的，也因為這樣我們才失去了創造、想像的顯化。通過第一個單元到現在本章節，你已經開始了解並對自己的認識加深了，所以接下來我會提供一個有關想像力的練習，目的是幫助你描繪出心中那個你愛的模樣。這是一個與潛意識做連結的練習，請放下理性、邏輯思維，順從內在的感覺、直覺走，自然會有答案。不需要感到焦慮或是覺得想不出來，怎麼辦？

如果有這般焦慮、懷疑，就發揮不了在潛意識裡的想像威力。

練習　畫出你愛的自己

提醒一下這個練習是不需要使用任何的思考，只需要放鬆自己，讓創造力出來。

在開始進行以下的練習之前，請找出一個沒有人打擾的地方，既安靜又安全的，接著找出一個舒服的位置坐下來或躺下

來也可以。安頓好身體之後，準備做幾下深呼吸，與及吐氣，讓身體與心伴隨呼吸的節奏，從急速變得緩慢，待身心慢慢靜下來。

接著慢慢閉上眼睛，身體放鬆，心靈放鬆，把一切煩惱、焦慮放開，此時此刻，你只專心專注投入內在世界，享受身體的放鬆，心靈的平靜，體驗放鬆的美好。

想像一下，你現在手上有一張白色的畫紙，把理想中的自己畫出來，包括他／她的長相、個性特質、魅力、打扮，全部都栩栩如生地描繪出來。

現在留意一下，右手邊有不同顏色的筆、材料，拿起它為你的畫增添不同的特色和色彩，盡情抱著興奮愉快的心情繪畫。

當你畫完之後，拿起這幅畫，看著它，感受一下，如今畫中的所有都已經實現了，你有什麼感受？是感受到興奮？振奮人心？激勵？還是有更多細微的情緒？

伴隨著這幅畫像變大、彩色的畫面也更清晰，焦點更準確，當中聽到的激勵聲音變得又大又清楚、實現願望的興奮、感動，慢慢地靠近並且越來越清晰，把現在所有感覺都變得是真的一樣。現在你進入到這個畫面裡頭，透過你的眼睛去看和體驗當中的自己，而不是用一個旁觀者的角度，是完全投入其中，享受當下。

好好地擁抱當下這一份心情，充滿許多正向的能量、活力、情感、愛，它們全都被潛意識接受了，進而在日常生活裡顯化，如實地呈現出一個你愛的模樣。（如果想聆聽相同的效

果，可到我的Youtube頻道，其中有不同影片的聲音引導，會比較容易進入狀態。）

對於理性的人會不自覺地對這種深入連結心靈世界的練習產生懷疑，一旦你的心起動了懷疑，當中的力量就會變質了，出現混淆不清，力量減低；因此要完全相信它，想像的力量就能發揮出極大作用。

想像的謬誤

雖然上述說了許多有關想像力所帶來的顯化，可是還是要說明一下，避免有一些人誤以為只想不做就能夠實現的情況。很多人熱衷於吸引力法則的號召力，好像誤以為只是想美好的事、做美好的舉動，無須花時間、努力，就能一步登天，想要的事情就會來臨了；又或是有許多人剛開始是相信想像力的創造，只是後來經過自身的錯誤實踐，得到了不少失敗的經驗，所以就斷定了是「不可相信」、「欺騙人的」。

首先想像力的創造，需要配合想像之後的行為才能產生效果，每件事情的成功並非只走一步就能遇見，而是通過走過不同的步伐而參透出當中的成功種子。另外想像力是充滿可塑性、創造，要完全發揮當中的驚人效果，是需要健康的心靈。因此保持清理潛意識裡的垃圾，釋放出負面情緒與阻礙前進的思維，並且持有一顆相信、正念之心，如此一來，想像的威力才能創造出無限的可能，達到心想事成。

心靈探索空間

1. 你需要做的事情，只是專心專注地關注你想要的事情。

2. 也許當你遇見那個心想事成的你，會感到不可置信，心裡發出疑問「真的嗎？」放心吧，把畫面交給潛意識，它會引領你前往這條心想事成的道路。

3. 當你持續不斷運用想像是有力量的，它會召喚出潛意識裡的潛藏威力。記得經常進行上述的想像力練習（**畫出你愛的自己**），不但讓你能量充沛，更是提升想像力的訓練。

第45章
人生如何選擇才是正確的？

「選擇」是我們每天都在面臨的事情，從生活小事，再到遠望未來的計劃，都需要做出選擇。試想一下，有一天你起床後，發現自己睡過頭，錯過一班火車、錯過公司的重要會議、錯過享受早餐的時機。此時你就要做出選擇，開始思考下一步，「我應該怎麼做？」

在各種大小選擇之中，我們希望為自己挑選一條正確的路，避免走太多彎彎曲曲的道路，不要失敗的來訪，不要迎接任何風浪。若是有這種想法，大概這一輩子你都是一個沒有什麼成長經驗的人；真正實踐人生，踏上夢想之路的人，定必能在風浪中，獲得飛躍的成長。不但認識不同面向的自己，肯定自我價值，更進一步打造出前所未見的自己。

如何選擇才是正確的？

由於我們受教於強調「對與錯」的觀念之下，我經常聽到個案、身邊的人，對於問起有關人生選擇的時候，總是希望有一個標準答案明確告知，怎樣做是錯，怎樣做是對。親愛的，人生路上並非只有對與錯，黑與白。倘若抱著這種想法心態，對世事、人生、際遇之間便會產生許多怨念、憤怒、不公平；

我們應該以開放的心，融入事情當中，放手讓自己踏出去，你便能明白人生並非只是二選一的題目，還有許多不同的答案。沒有人能告訴你什麼應該做，什麼決定才是對的，不同人的背景、人生經歷所面臨的選擇都是不一樣的。今天你適合用的選擇方式，不代表其他人也是適合採取同樣的選擇方式；不過有一樣選擇的因素都是一樣的，那就是「**敢於嘗試才有最好的選擇**」。

風浪中的兩種人

有一類型的人我稱爲「經不起考驗」。這些人對人生充滿理想、熱忱、心抱著宏大的夢，也會採取行動的人（因世上也有些人喜歡紙上談兵並不會行動的）。卻因爲過去挫敗的經驗而受到嚴重影響，產生自我懷疑、失去信心，導致失去相信自己的能力，從而做出一個讓人感到可惜的決定：「放棄」。

我也曾認識一位朋友，他很聰明、懂得爲自己的未來作打算，在我眼裡總認爲他的事業和人生就會一帆風順、走上更高的層次。哪知道有一天，人生巨浪打過來了，工作被解僱了；經歷失敗與低潮之後的他，竟然一蹶不振。後來更是對自己的能力產生過度懷疑，慢慢變得越來越自卑，放棄自己，終日抱不平、埋怨人生。這的確是一件非常可惜的事情。另外一類型的人，我會稱爲「不屈不撓」。他們懷著宏大的夢想，攜帶著熱血沸騰，奔向夢想的懷抱，踏上航海之旅，翻山越嶺，陷入

過人生谷底。即使過程充滿挑戰和困難，考驗人性堅毅的時刻，仍然不放棄。大多數的人會受不了重重困難而選擇放棄，重回舊有的生活模式，再度投身抱怨的循環；有些人則堅持下去，保持迎接不同挑戰，嘗試機遇，所以到最後順理成章地實現自己的目標。

在歷史上也有一位不屈不撓的人物，就是第16任美國總統亞伯拉罕·林肯（Abraham Lincoln），他經歷過多次的競選失敗、愛人離世的痛苦、精神崩潰的經歷，仍然堅定不移地往目標前進，最終目標達成了。這番多年來的艱辛過程和堅韌的精神，真的非常令人敬佩。

歷練蘊藏夢想的種子

在我長達十年尋找熱情、尋找夢想的道路，並非一帆風順，也歷經過不少挑戰，走過彎彎曲曲、高高低低的道路。也因此而累積了許多相關失敗、挫折、勵志、勇氣的故事，其中有一段促進成長的經歷可以分享。

二十歲的那一年面臨對未來方向，職業生涯何去何從而苦惱，於是跟朋友開展了澳洲工作度假的旅程，我從一個生活算是充裕的環境，遠離舒適圈，選擇越洋來到澳洲。當中體驗了農場生活，嘗試過日曬雨淋，在烈日當空下，蹲在農田上用著膝蓋走路般的工作；也嘗試過在剪葡萄時，剪到手指，血流狂飆，痛在心頭的經驗。更經歷過生活不容易、缺錢的時候，每

天煩惱生活費，苦惱著哪個地方可以安居下來。

　　光是忙著解決以上的問題都足以把夢想的熱情磨滅了，另一方面內心深處是害怕未來的不確定，缺乏勇氣為自己爭取想走的路。

　　擋過不少風風雨雨，捱過不少皮肉之苦，儘管如此我仍然選擇走下去。在這段過程中，學到了許多許多寶貴的經驗，例如應對突發事情的能力，學會放手給機會自己嘗試，並且在過程中看見許多自己的「可能性」，也發現從前很多不敢做或是沒有自信做到的挑戰，都一一突破、越超自己，發展出潛在的能力。這些經歷所蘊藏的滋潤，為我後來的人生帶來極大的幫助。當我感到很挫敗、自我懷疑、缺乏自信的時候，回顧當年的自己所做的行為、表現，體內能量就變得熱騰騰，立刻注入大量力量和自信，接著再次鼓起勇氣行動。

　　「選擇」不一定能為你帶來正確的道路，但是一定是一條成長的道路，是勇氣和夢想的種子；因為有選擇的勇氣，你便敢於踏出去。勇氣是人生路上其中一位強大的士兵，能助你把路上的阻礙清除，成為最耀眼的亮點。

後悔當初的選擇，該怎麼辦？

　　生活裡太多的變數、逆境，是生命中必然會遇到的事。每當我們好不容易跨出去，為自己做出選擇，卻被無情的變數打擊，使其處於恐懼、絕望、崩潰的邊緣。接著就開始回想如果

當初沒有做出這個決定或選擇，今天的局面又會否變得不一樣呢？越是往這個方向想，就越陷入極度自責、後悔莫及和絕望的深淵。想讓自己變成一個幸福快樂、活出特色、掌握自己命運的人，懂得為自己做出適合的選擇是很重要的因素。如剛才的說法，假如我們經常為自己做過的決定，感到後悔、自責、絕望，這個過程已經是為自己製造出負面情緒與想法的陷阱。

　　我經常分享一個觀念，就是為自己的人生負起責任。我們可以回頭看一看，當初做出這個選擇的原因是什麼？是誰最終決定的？也許看到這裡，就會說很多事情並非一個人能決定，有時候也需配合身邊的人才能做出選擇。的確是這樣，有一些決定牽涉到其他人，的確是需要經過共同商討再作選擇。不過在這過程裡不要忘記了，你也有發言的權利與決定權，適當把自己的想法、選擇說出來，之後再經過深思熟慮來做出最為適合的決定。即使將來這個選擇為你帶來什麼結果也好，這是無人能控制和「早知道的」，只需要相信自己當初的決定和選擇，並擔當起責任。但是現實生活中也有一些人好不容易做出決定之後，因經不起艱辛的考驗，於是就抱怨，甚至放棄了。當你決定的那一刻，就已經起動了相信的念頭，就因為念頭一直在支撐著你，從而改變了自身的行為。一旦潛意識裡深深昏睡的潛能被挖出來，將爆發巨大的力量，它本該存在。關鍵在於你是否相信自己所擁有的潛在力量，並且加以運用，扶助你成為人生的決策者。

錯誤使你更了解自己

我對失敗的經驗曾經是個看不開的人，過程中所感受的辛酸、痛苦難堪，也只有點滴在心，無人能體會真正的感受。曾幾何時非常痛恨生命裡所有遇到的考驗，覺得人生怎麼那麼苦？怎麼上課時沒有人教授過如何克服痛苦？怎麼那麼多困難挑戰，彷彿要把你打敗，趕著在旁邊歡呼拍掌一樣。就是以上的想法使我對生活積滿抱怨、不滿足，自我價值很低，心好累。相信在看著這段文章的你，心裡應該有所感觸，生活每天派出不同考驗，一件事情的發生還沒處理、消化完，接著另一件事情又發生，根本來不及處理。由此長期下來缺乏照顧心靈的情況下，就積壓了許多未被抒發的情緒。

當我越過不同峻嶺、療癒自己之後，使我明白到生命中所出現的每一條彎路，每一個錯誤與失敗點，都是一份非常耐人尋味的學習。記載了你在這件事情，這段漫長的路程中，如何深入了解你是誰，自己到底需要什麼？適合什麼？比如說，談一場戀愛卻無法走到最後。這當中一定是雙方存在一些未被解決的問題，而它們是需要被察覺到的。可是並不是每個人都能夠使用一種廣度的視野，如旁觀者一樣重新看回這場戀愛中，自己到底需要改善的地方在哪？和了解問題產生的原因在哪裡？假如處於不明白，那麼下一次再步入戀愛時，同樣會做著不適當的行為，影響到新戀情的品質。所以了解當中的原因，檢視自己，從而慢慢活出幸福快樂的狀態和擁有良好的親密關

係。在這裡提醒一下，檢視並不是說要你在一段已逝去的戀愛中，不斷怪責自己或其他人做得多麼不好，而是用一種宏觀角度覺察一下當時的自己，從中獲得一些能夠更加深入了解、對自己有正向幫助的資訊。有不少人會在分手後，思考是否自己不夠好從而責備自己；過去的我也曾有同類想法，其實這樣對自身成長進度並沒有幫助，反而傷害了自己。

如果少走冤枉路就好了

　　錯誤與失敗是每個人都不願意接受的。當這樣的情緒降臨時，你會手忙腳亂，沮喪、難過、怪責自己等等，心想若是再來一次就不會再做這麼蠢的決定，現在就不會白白走不少冤枉路，少走人生彎路就能節省時間。人生有不同的彎路在前方等著你，永遠不會先知哪一條路是直路，直到走在路途上，方能發現正踏上一條自認為是錯誤或失敗的路。我對於人生的彎路反而另有看法，所謂的人生錯誤或失敗都是你或是旁人給予的標籤和賦予的意義，換句話說今天領悟了彎路的真諦，心念轉一轉，重新賦予意義，錯誤就能轉換成是一個學習。

　　可能在過去的生命裡，有一些不愉快的結果讓你難以放下，影響至今不敢為自己做任何決定，害怕重複犯錯、選擇錯了；如果你不願意再次相信自己，要靠自己來掌握未來就是一件難事。相反今天你再次給機會，選擇相信自己，重掌生命大權，接受過去，寬恕自己，你就能改變自己的生命。

心靈探索空間

1. 錯誤只是形容一件發生中或已發生的事情所得到的結果。如何賦矛事情的意義，如何從中獲得了解自己的資訊，在於你如何看待事情，若是執於一切的發生都是在為難自己，反而讓人生變得更加糟糕。回顧過去，會不會那些曾經爛透、艱辛、痛苦的事情，是帶來了現在更加進步、美好的你呢？

2. 往往在錯誤、失敗過程裡所學到的，才是最有價值的。人生沒有一條路是走錯的，一切的安排，為了成就更美好的你。

3. 你是值得接受許多次的寬恕和機會，放心接收吧。

第46章
成爲幸福的自己從小步開始

在這個迅速萬變的時代，人們對於看到成果的渴望提高許多，只求於快速達到效果，無論在經商、個人生涯、事業、心靈成長、產品效果各方面，都推向急於求成的現況。很多時候我們對自己使用同樣的急躁方式，拼命地要求快速成長，能力極速提升，也因爲急於求結果，忽視過程帶來的價值成長，造成身心壓力越來越高，失去內外平衡和健康的關鍵。

每一個人都想獲得到幸福、快樂、內在平靜，但卻並不是那麼多人願意爲自己做出改變。總被許多舊有的思維、框架、習慣綁手綁腳，常常認爲「改變」很難。所有的失敗感、挫折感都是由於結果未能被滿足，如果滿腦子都是阻礙、困難、挑戰，潛意識也會用同樣方式回應你，不斷製造出困難、挑戰來阻擋你。我們只要願意下定決心改變，從那一刻開始，「改變」就已經發生了，這過程快則就在幾秒或幾分鐘內就會發生，但是人們都把它想像得太複雜、太困難了。因此我們想要改變自己、想要讓自己得到快樂，可以從簡單的一小步做起來，就是先願意做出改變。接著慢慢學習、訓練、充實心靈，有一天會發現內心逐漸變得強大許多，同時心靈枷鎖也解開了。

不能過於焦急，急於求成

　　有時候小我（Ego）會善於欺瞞自己，使其認為外界的標準就是自己所愛的模樣，隨著網絡自媒體的趨勢發展和影響，許多人都介意自己的外表，一直不滿自身的外表，於是去整形（這是個人選擇並沒對與錯）。整完過後又覺得自己並不完美，於是心中想要更美、獲得更多稱讚的慾望又再起動，不停地陷入其中。卻不知道在過程中，已經失去了平衡，更漸漸迷失自己，並且在嚴厲的自我要求下，使身體和內在都嚴重受傷。如果你開始覺得找不到自己了，在鏡子面前問問自己：「這樣的你，真的是你所喜歡的嗎？是你希望看到的嗎？」

　　在活出真實的自己之前，要深入心靈認識自己，了解現在的你是自己喜歡的嗎？還是別人喜歡而已？永遠不要沉淪於成為別人希望你所成為的人，因為那個並非真的你，而這樣的狀態，到頭來只會活出一個連自己也討厭的人，更加活不出光芒萬丈的你。

　　有沒有嘗試過一種情況？有一天你逛街或是看過朋友身上穿起某件衣服是很漂亮的，之後你就去買了這件衣服，結果在試穿或買回來之後，發現穿在自己身上原來是不適合的，也散發不到像朋友穿起這件衣服時的氣質、帥氣。當我們不清楚想要的是什麼，就靜下心探索自己，有了答案之後再踏出步伐，採取行動，這樣才會瞭解現在進行的事情適不適合自己。如果不適合就更換、調整方向，所以不能焦急，急於求成的，這是

一個逐漸累積起來的內外成長過程。

　　有什麼事情是十年前你覺得不可能完成的事情，而十年後，你竟然把這件事情完成？有沒有任何一件事情是今天不相信的，而在十年前的你卻是相信的？另外有沒有一件事情是今天相信，但在十年前的你是不相信的？有一件事情要清楚，不管你能力多強，任何成功的人、成功的事情都是循序漸進的，過程中須要堅持、持續按步驟分階段實現，最終才可看見所有夢想開花結果。

　　如上述的三條問題，十年前的你未必會相信今天你變得一無所有，陷於低潮。又或是十年前的你未必相信今天你能夠成為一個優秀的人。人生是充滿無限的變化、機會和創造的。遭遇到逆境時需讓心沉靜下來，安撫內心的焦躁，調整思路，再一步一步地前往你想走的道路。同樣的想要活出幸福、豐盛的自己，也是要按部就班的。

活出無法取代的特質

　　我曾看過不少的文章說到許多女人都會害怕、擔心自己老了，外表出現各種皺紋，怕被伴侶嫌棄。生老病死是每一個人都會經歷的，老化也是一個蛻變的過程。如果一個人每天都害怕外貌的不完美而失去伴侶或是在乎別人看待的眼光，在這過程中其實非常累、辛苦；每天都需要根據別人的心意行走，在乎別人的評價，漸漸就越來越厭棄自己。既然是必然會發生的

事，與其逃避、不喜歡，倒不如換個角度看待這件事情，心的寬度就會變得更加廣闊。

許多在電視、電影上所看到的藝人明星，他們都各自擁有獨特的氣質。其中一位我頗欣賞的電影演員就是劉嘉玲；小時候在電視上不覺得她有什麼吸引我的地方，也許當時年齡還很小，不懂欣賞。但是當我經歷過人生不同的變化後，再次看到劉嘉玲時，就覺得她的個人氣質，內在散發的優雅從容是非常吸引人的。然而這種由內到外的獨特魅力是無法假裝的，是一種經由歷練所提煉出來的獨特風格。觀看她對待生活的方式與人生態度，就能感受到她是一位懂得愛自己、經營自己的人，所以才能如此綻放優雅的光彩。

如果每一個人能夠愛自己，自然會綻放出獨特的個人風格，活得幸福快樂。「愛自己」是比較抽象的，難於形容這到底是一種什麼樣的感覺，但它在生命中是非常重要的。一個人若是不懂得愛自己，肯定會嚐過不少苦果，甚至被困在痛苦深坑，萬劫不復。然而想把自己從痛苦中救出來的方法，就是發掘屬於內在的愛，它是非常溫暖、有力量的。想要知道具備什麼才聯繫到內在的愛？**做以下的六件事情就可以了。**

1.認同自己的價值

基於我們習慣藉由外界的人來肯定自己和價值認同，所以容易受外界影響而強烈缺乏安全感，產生自卑感、自我懷疑、悲觀主義。如果要別人認可，首要先認同自己的價值，認識優

勢與弱勢在哪裡，採用接納和欣賞的態度看待。每個人都有價值的，只是暫時未被發掘，耐心探索、培養就會找到。

2.接納自己

「完美」這個框架把許多人困住，試圖追求完美，做一個無瑕疵的人，卻不知道在過程裡反而失去了獨有的特色。每一個人都是不完美的，表面看到的完美，都只是表面，並非完整的部分。愛自己是通過學習接納，即使外界不接受一個不完美的你，而你也能夠使出包容、體諒、愛，去接納這樣的自己。世界上沒有一個人會完全懂你的不完整，透過你認識不同階段的自己並且接納，才會活出一個不完美但又快樂、獨特的你。

3.原諒自己

曾經犯過的錯、做過愧疚的事情，就讓它們過去，別再被罪惡施壓，別再經常跟自己說「應該要」，這些行爲都在反覆使用愧疚來折磨自己。即使情況再糟糕也好，宇宙會寬恕的，明白到你也盡力了。罪惡感與內疚感是最消耗內在的能量，只會讓人焦慮不安，無法把現在事情做到最好。因此放下過去，卸下重擔，原諒自己並且給予擁抱，安慰內在無所適從的自己。

4.欣賞和感謝自己

與不同的個案接觸時，發現他們都不太懂得感謝和欣賞自

己。因爲從小被訓練只觀看、在乎外在的成績、結果，忽略了自己的努力、付出的過程。人生中有一些路、一些日子只有你獨自一人走過，對於那時候沒有放棄的自己，應該說聲謝謝；並且欣賞那時候的堅持和扶持。讓內在產生滋養的愛，是要懂得欣賞和感謝自己一直以來的付出，多多鼓勵和獎勵自己的辛勞。

5.療癒自己

療癒不但讓心靈重獲健康，更是釋放愛的好辦法。日積月累的傷痛，只會不斷消耗最美好的自己。誠實面對心中的脆弱、敞開心房，用你的愛和包容，修復並治癒傷口，釋放禁錮以久的笑容，讓它重新回到臉上，綻放燦爛。

6.陪伴自己

學習在生活各方面陪伴自己。當面對逆境時，找不到人陪伴，你可以成爲自己最好的朋友、陪伴者，施以親切的安撫和關懷。當幸福快樂來臨時，搶先做自己的第一位聽衆，聆聽當中的喜悅、高興、感動。只有你才可以聆聽到內心眞正的聲音，所以我們每一個人都會是自己最好的陪伴者。

成長沒有捷徑

當我覺察到自己對於學習新事物時，總是跟身邊的人作對

比而苦惱。心裡會想「怎麼同學們學習得很好，都能輕易掌握到技巧，而我就是沒有那麼快學會？」

幾年前在上NLP課程的時候，我對這件事情感到越來越困惑，深感被它綁手綁腳，於是我在課堂上向導師發問有關的問題。當時我問導師：「由於我是偏向感覺型的人，我覺得自己比別人蠢，學習東西速度都會比較慢，那可以怎麼解決這個問題？」導師：「雖然剛開始的時候也許學習會比其他人慢，但是當你領悟到其中的技巧，你會比其他人學得更加扎實、穩固，這也是一個成長的過程。」聽完這句話，滿滿的感動在心中，腦海裡回想過去的學習；的確在剛開始學習會比較難，但是學會之後就不會忘記，學到的已儲放在潛意識裡，讓它自動運作。

在這件事情之後的未來幾年，由於限制的想法解開，使我對學習更有信心，慢慢提升學習的能力，有效幫助我往想走的方向進發，因此才成功出版到這本書。

我明白到沒有必要跟其他人比較，因為每個人的步伐是不一樣的，只需要跟自己比較就好了。問自己：「今天的你比去年的你，是否有進步？過得快樂嗎？」如此一來，才能擺脫與他人作比較的漩渦裡。成長是一件沒有捷徑的事，就如我們從嬰兒到成年人的階段，都是階段式的成長過程；焦頭爛額和急躁不會讓時間飛快過去。既然無法控制時間加速，倒不如盡情投入，享受當下的經歷和成長。

想要看到花開，就要耐得住心等待花朵孕育的過程。進

行每一件事情都是需要時間來實行，而每一件事情在實行的路上，總會有屬於它的時間點。我們把目光放遠，注重心靈健康，豐盛內在的水杯，維持正向能量流動，並保持耐心，便能一步一腳印地活出獨一無二的你。給點時間，讓時間來證明你所相信的是對的。相信在潛意識的力量啟動之下，一切都能夠水到渠成。**待花開的那一天，會看見眼前一手栽培的你，心裡的滿足感、幸福快樂，足以豐富生命、滋養靈魂的光芒。**

心靈探索空間

1. 唯獨一種愛是不變的，這份愛能夠陪伴你到老，也是生命最核心，最強而有力的能量，而這份愛叫「愛自己」。

2. 除非今天你賦予別人主導你的能力，否則沒有人可以讓你快樂、難過、傷心，所以把一切交由外界或他人的力量收回來，並把力量使用於那些有助於創造幸福快樂的人事物上。

感謝文
感激生命裡的一切

　　在本書的尾聲，很想在這裡感謝曾經給予我支持的家人朋友、良師好友，還有出版社的所有工作單位的用心協助，才可以順利完成我人生中的第一本書。當中有一個人是我最為致謝的，那個人就是自己。謝謝你。

　　當我決定要寫這一本書的時候，腦袋充滿不同吵雜的聲音、自我懷疑，懷疑自己能不能夠完成？畢竟要寫出一本書，不像平常需要發布的文章那麼簡單明瞭，而是要有組織地把一篇又一篇的經歷重新掀開，掀開人生每個關卡所得到的，包括傷心、難過、悲傷、傷口。許多事情都是沒有分享過，家人朋友也未必知道的事，但如今卻要分享出來，深層想想這一切都需要勇氣的。然而埋藏在這份勇氣的底層，更需要一個明確的答案：「為什麼你要寫出這一本書？」

　　我的答案是生命影響生命，傳遞心靈健康對一個人的人生改變是極為有影響力。正如我在寫書的當下，許多宇宙的指引都告訴我要把這本書完成，它肯定能夠幫助到不同的人。於是有了明確的答案後，它就是我的推動力，幫助我面對編排內容、整理文章、寫作所遇到的困難重重，為我點燃心中的燃料，越過恐懼，才有這本書的出生。再次深入體會到，要完成一件事情是要經過不同的細節與小步驟而凝聚完成；只要不放

棄，懷著相信，它一定會實現的。

　　願每一個人在看完這本書後，最能學習到的一件事情，就是無論遇到生命再多的不如意，難關也好，都不要放棄自己，懂得把關注回到愛自己身上。相信你內在的力量，相信你有能力在黑暗中尋獲一股驚為天人的力量；只要踏出步伐尋找，它便是你最大的依靠。

　　除此之外，更想傳遞給每一個閱讀完本書的人知道，我們不斷向外追求著名利財富、追逐著別人的愛，過程中是否已經失去了最基本的東西呢？回顧一切過後，你能否發自內心地跟自己說「我很快樂。」假如你說這句話的時候，感受到內在的漣漪，那意味著你的心已經給予答案你了，接下來該好好正視自己，照顧自己的心，接納過去與欣賞自己的付出；並且透過療癒內在小孩、釋放與修復破瓦頹垣的心靈世界，讓失散多年的微笑，能夠溫柔地重回心裡，轉化成太陽般的溫暖，成為幸福的自己。

　　幸福從來不艱難，只是我們被認知所限制了，當限制解鎖了，幸福就能從裂縫中漸漸修復你的心，使你享受到前所未有的內在平靜與快樂，它們擁有舉足輕重的威力。

　　人生的每一小步都是一個嶄新的契機，發現未知的自己，在未知中尋獲最簡單的快樂。人生最大的幸福是能夠活出自己，勇敢綻放獨有光彩，成為照亮自己的光。

　　也許你看完本書，可能會對之前印象中的我會有不同的想法和感想，可是我不後悔跟你分享這一切，原因是我過了自己

的門檻，就是真正的接受過去的自己了。也因為療癒四分五裂的心靈世界、釋放許多過去的思維限制，才讓我現在活得更加輕鬆自在。能夠從虛假的自我中釋放出來，是一段破繭而出的過程，當一個人敢於鬆開自己的心，從心靈監獄釋放，接下來就能活出自己的幸福，綻放出屬於自己的獨特光芒。

人生就像一本書，書中記錄了什麼故事，取決於你為自己做出什麼選擇，隨後是如何讓自己經歷與體驗人生，每段故事都是未來故事的一個延續。

在此祝福每一位看完本書的人，能夠享受到做自己的幸福，活出快樂精彩的人生。

國家圖書館出版品預行編目資料

活出最耀眼的自己／Jade Wong著. --初版.--臺
中市：白象文化事業有限公司，2024.5
　　面；　公分
ISBN 978-626-364-271-3（平裝）
1.CST: 人生哲學 2.CST: 自我實現
191.9　　　　　　　　　　　　　　113001654

活出最耀眼的自己

作　　者　Jade Wong
校　　對　Jade Wong
發 行 人　張輝潭
出版發行　白象文化事業有限公司
　　　　　412台中市大里區科技路1號8樓之2（台中軟體園區）
　　　　　出版專線：（04）2496-5995　　傳眞：（04）2496-9901
　　　　　401台中市東區和平街228巷44號（經銷部）
　　　　　購書專線：（04）2220-8589　　傳眞：（04）2220-8505
專案主編　陳婷婷
出版編印　林榮威、陳逸儒、黃麗穎、水邊、陳婷婷、李婕、林金郎
設計創意　張禮南、何佳誼
經紀企劃　張輝潭、徐錦淳、林尉儒
經銷推廣　李莉吟、莊博亞、劉育姍、林政泓
行銷宣傳　黃姿虹、沈若瑜
營運管理　曾千熏、羅禎琳
印　　刷　基盛印刷工場
初版一刷　2024年5月
定　　價　380元

白象文化　www.ElephantWhite.com.tw
印書小舖　PressStore 出版視務
出版・經銷・宣傳・設計
自費出版的領導者
購書　白象文化生活館